Karl Weller

Die Ansiedlungsgeschichte des württembergischen Frankens

rechts vom Neckar

Karl Weller

Die Ansiedlungsgeschichte des württembergischen Frankens rechts vom Neckar

ISBN/EAN: 9783743632998

Hergestellt in Europa, USA, Kanada, Australien, Japan

Cover: Foto ©ninafisch / pixelio.de

Weitere Bücher finden Sie auf **www.hansebooks.com**

Die Ansiedlungsgeschichte des württembergischen Frankens rechts vom Neckar.

Von Dr. Karl Weller.

Wenn die vorliegende Untersuchung sich auf das Land innerhalb der politischen Grenze beschränkt, so legte sich dies durch die leichtere Zugänglichkeit der äußeren Mittel für die Forschung nahe. Trotz seinem mäßigen Umfang enthält unser Gebiet wichtige Flußthäler, eine weite Ebene und im Süden ein ausgedehntes Bergland, so daß auch hier schon der verschiedene Einfluß der Örtlichkeit auf die Besiedlung und die Wirtschaft wohl wahrzunehmen ist.

Man darf mit gutem Grunde annehmen, daß auch bei einem Wechsel der Bevölkerung stets die nachfolgende Kultur wenigstens teilweise auf der vorhergehenden Kultur fortgebaut hat[1]; darum empfahl es sich, bis auf die ältesten Zeiten zurückzugreifen trotz dem Dunkel, das nur ganz spärliche Lichtblicke gestattet.

Die Anregung zu seiner Arbeit hat der Verfasser bekommen durch das treffliche Buch Arnolds: „Ansiedlungen und Wanderungen deutscher Stämme". Als Hilfsmittel für die Forschung hat er alles ihm Zugängliche zu benützen gesucht; von Folgerungen aus einzelnen Ortsnamen hat er jedoch bei dem heutigen Stande der Ortsnamenforschung bloß sparsamen Gebrauch zu machen gewagt und nur die Grundwörter derselben stärker herangezogen. In der späteren Zeit mußte, um ein klareres Bild der Besiedlungsverhältnisse zu erhalten, auf manches näher eingegangen werden, was über den eigentlichen Rahmen der Ansiedlungsgeschichte hinausfällt und mehr nur die Wirtschaft der Bevölkerung betrifft.

Der Aufsatz ist, abgesehen von den bis zum Druck notwendig gewordenen Berichtigungen und Nachträgen, vollendet worden im Januar 1893.

---

[1] E. v. Paulus, Die Altertümer in Württemberg S. 25.

I. Vordeutsche Zeit.

Vorrömische Zeit.

Ringwälle. Grabhügel. Stätten uralter Ansiedlung. Straßen. Zeit der erhaltenen Altertümer. Keltische Auf- und Ortsnamen. Die Helvetier. Die Germanen.

Über die Besiedlungsgeschichte der vorrömischen Zeit geben uns von den Denkmälern einige Auskunft besonders die Ringwälle, die Grabhügel und die Straßen, die sich aus dieser Zeit erhalten haben. Man hat nun zumal aus den Gräberfunden verschiedene Perioden dieser ältesten Zeit zu unterscheiden gesucht. Für unsern Zweck empfiehlt es sich aber zunächst, alles, was uns aus dieser Zeit von Altertümern erhalten ist, zusammenzufassen, da man annehmen kann, daß das einmal der Wildnis abgerungene Land nicht leicht mehr der Kultur verloren gegangen ist. Und vielfach hat ja schon die Natur des Landes bestimmend eingewirkt; sie zeigt die für die Niederlassung geeigneten Stätten gerade in Zeiten geringer Kultur besonders scharf an, und diese haben auf jede Bevölkerung ihre Anziehungskraft ausgeübt[1]).

Ringwälle finden sich auf Berghöhen in Gegenden, in denen der Boden viele Menschen ernähren konnte; die meisten und großartigsten sind an solchen Gebirgsrändern, die in fruchtbare Ebenen oder Thäler hinausragen[2]). In unserem Gebiet sind noch zahlreiche Ringwälle nachzuweisen, welche auf eine Besiedlung des ganzen Ebenenlandes, zumal in der Nähe der Flüsse, schließen lassen. Ins Tauberthal schaut der sehr große Burgstall bei Finsterlohr und unsern, schon auf bayerischem Gebiet, gegenüber der Stadt Rothenburg, die Engelsburg[3]). Nördlich von der Jagst liegen die Ringwälle bei Aschhausen und bei Ailringen. Links von der Jagst liegt ein Ringwall gegenüber von Langenburg, und nicht weit von diesem entfernt an der Brettach, einem rechten Nebenfluß der Jagst, liegen drei Ringwälle, beim Himmelreichshof, zwischen Rückershagen und Amlishagen, und gegenüber der Burg Amlishagen. Diese zahlreichen Ringwälle in der Ebene, die sich über Brettach und Jagst südlich bis zum Burgberg mit seinem gewaltigen Ringwall ausbreitet, lassen auf eine verhältnismäßig starke Besiedlung schließen. Schon im Bergland ist der

---

[1]) v. Inama-Sternegg, Deutsche Wirtschaftsgeschichte I. 1879. S. 31 ff.
[2]) Paulus b. J. im „Königreich Württemberg" I. 1882. S. 117.
[3]) Auf einen alten Ringwall nördlich von der Tauber deutet vielleicht die Stelle einer Urkunde vom Jahr 1163 (W. U. V, Nachtrag 13, S. 382): in villa Walthmanshoven (Waldmannshofen OA. Mergentheim) ... excepto monte quodam cum toto et integro ambitu veteris fossati ... (v. Fischbach, Bes. Beilage zum Staatsanzeiger 1893. S. 96).

doppelte Ringwall bei Stimpfach an der Jagst. In der Nähe des Kochers liegt der Ringwall auf dem Streifleskerg westlich von Hall¹). Die im Wassergebiet der Murr liegende Ebene hat ihre Ringwälle wahrscheinlich auf dem Wunnenstein, und auf dem Lemberg bei Affalterbach²).

Grabhügel fanden sich besonders in der Nähe der Thäler der Tauber, des Neckars, der Jagst, des Kochers, der Murr³). Auf dem Ebenenland südlich von der Tauber fanden sich Grabhügel bei Althausen, bei Stuppach, bei Rengershausen, bei Honsbronn, Oberndorf (Gemeinde Neubronn) und Standorf (Gemeinde Niederrimbach); westlich von der Tauber ganz in der Nähe des Thals bei Edelfingen; nördlich vom Tauber= thal bei Oberbalbach (in Baden) und bei Bernsfelden. (Sämtliche würt= tembergische Orte liegen im Oberamt Mergentheim.)⁴) In der Nähe des Neckars sind Grabhügel bei Neckarsulm, Heilbronn, Gruppenbach (Oberamts Heilbronn), Neckarwestheim, Gemmrigheim (Oberamts Besigheim) und bei Höpfigheim (Oberamts Marbach). In der Nähe des Jagstthales liegen Grabhügel bei Offenau und bei Duttenberg, unweit Ernstein (Ge= meinde Züttlingen, Oberamts Neckarsulm), bei Roßach (Oberamts Kün= zelsau); im ferneren Verlauf bei Neusaß (Gemeinde Schönthal), südlich von Westernhausen und beim Bühlhof (Gemeinde Ingelfingen); diese 3 letztgenannten Grabhügelgruppen finden sich nahe an der alten Kaiserstraße. Etwas weiter von derselben entfernt sind die Hügel bei Stachenhausen (Gemeinde Dörrenzimmern) und bei Hohebach⁵). Ferner sind Grabhügel bei Langenburg, westlich an der Jagst; Reste eines Grab=

---

¹) In der Öhringer Gegend hat Herr Stadtpfarrer Kallee von Öhringen Ringwälle aufgefunden auf der Stelle der Ruine Gabelstein (hier mit entsprechenden Funden) und auf dem Stöckig. In den Löwensteiner und Weinsberger Bergen nimmt Paulus, Die Kunst= und Altertumsdenkmale im Königreich Württemberg, Inventar, 1890, S. 432 und 511 als einstige Ringwälle an die Stelle der Burg Löwenstein, Heinrieth und Hellmat oberhalb Unterheinbach, die Weibertreu bei Weinsberg und den Scheuerberg bei Neckarsulm, weiter noch den Michaelsberg bei Gundelsheim.

²) E. v. Paulus, Die Altertümer in Württemberg. 1877. Paulus, Archäo= logische Karte von Württemberg. 4. Auflage. 1882. Bach, Ausgrabungen, Ent= deckungen u. s. f. aus den Jahren 1878—1887. Württ. Vjsh. XIII. 1890. Vrgl. nun auch: Hartmann, Die Besiedlung Württembergs. Württ. Neujahrsblätter XI. 1894. S. 11 ff. — Vorrömische Opferstätten werden von Paulus angenommen auf dem Einkorn bei Hall, dem Burgberg und dem Hohenberg im Virngrund. Korresp.Bl. d. Ges.Ver. d. deutsch. Gesch.= und Altert.Ver. XL. 1892. S. 5.

³) Paulus a. a. O. O. Keller, Vicus Aurelii oder Öhringen zur Zeit der Römer. Festprogramm zu Winkelmanns Geburtstag. 1871. S. 49 ff. Hartmann a. a. O.

⁴) Oberamtsbeschreibung von Mergentheim. 1880. S. 312 ff.

⁵) Oberamtsbeschreibung von Künzelsau. 1883. S. 250 ff.

hügels wurden gefunden oberhalb Langenburg östlich von der Jagst bei Hürden¹). Mit ungemein vielen Hügeln (über 250 an 25 Fundstellen) bedeckt ist die Ebene rings um Kirchberg, sowohl die sich südlich von der Jagst bis zum Burgberg hin ausbreitet mit den Grabhügeln bei Leubsiedel (OA. Gerabronn), Großallmerspann, Ilshofen (OA. Hall) und Triensbach (OA. Crailsheim), als die sich nördlich über das Thal der Brettach hinübererstreckt mit den Grabfunden aus Mistlau²), den Hügeln auf der Kirchberger Markung, jenseits der Brettach bei Engelhardshausen (Gemeinde Wiesenbach), Herbertshausen, Hilgartshausen und Brettheim (Gemeinde Brettheim, Oberamts Gerabronn). Im Fuchspörzel bei Kirchheim ist ein großes sogenanntes Fürstengrab. Man darf diese Gegend nach den Grabhügeln als besonders stark besiedelt, wohl als einen Hauptstrich alter Landeskultur betrachten. Weiter liegen in der Nähe des Jagstthales Grabhügel bei Crailsheim und bei Stimpfach (Oberamts Crailsheim). In der Nähe des Kochers fanden sich Grabhügel bei Kochendorf, Odheim und Degmarn (Oberamts Neckarsulm), bei Ohrnberg, Pfahlbach, Eichach und Forchtenberg (Oberamts Öhringen), bei Weisbach, Niedernhall, Künzelsau und Döttingen (Oberamts Künzelsau); die Grabhügel bei Weisbach und die bedeutenden Grabhügelgruppen südlich von Niedernhall mögen mit einer frühen Ausbeutung der dortigen Salzquelle zusammenhängen³). In der Nähe des Murrthals hat man Grabhügel aufgefunden bei Steinheim, Rielingshausen und Kirchberg (Oberamts Marbach).

Diese Grabhügel zeigen uns Stätten uralter Ansiedlung an, und da man annehmen darf, daß in besonders stark angebauten Gegenden der Feldbau die Leichenhügel allmählich verdrängt hat⁴), so liegt der Schluß nicht ferne, daß diese alten Ansiedlungen sich im allgemeinen über das gesamte Ebenenland erstreckt haben. Leer von Grabhügeln sind die Limpurger, Murrhardter, Waldenburger, Löwensteiner Waldberge; man wird daraus schließen dürfen, daß dieses Bergland in der vorrömischen Zeit noch nicht oder nur recht spärlich besiedelt war⁵). Dafür spricht ferner, daß diese mageren Keupergebirge auch keine Ringwälle in sich bergen. Denn besonders der Burgberg und die 3 Ringwälle an der Brettach mit

---

[1] S. Wirtembergisch Franken V. 1859. S. 123.
[2] S. Fundberichte aus Schwaben, hrsg. von G. Sixt. I. 1893. S. 60.
[3] Keller a. a. O. S. 63.
[4] E. v. Paulus, Die Altertümer in Württemberg S. 13.
[5] (E. v. Paulus a. a. O. S. 13. P. Fr. Stälin, Geschichte Württembergs I. 1. S. 10. Als Leichenhügel gilt das noch uneröffnete Frankenberglé beim Weiler Frankenberg (Gemeinde Oberroth, Oberamts Gaildorf) in den Bergen südlich vom Rosengarten.

ihrer Lage in der Gegend, in der auch jene Leichenhügel am häufigsten sind, lassen an einen engen Zusammenhang von Ringwällen und Grabhügeln glauben; im ganzen entsprechen der Verteilung der Ringwälle die Hügel[1]). Die Ringwälle dienten zum Schutz der in den Ebenen angesiedelten, Viehzucht und Ackerbau treibenden Bevölkerung; die ältesten Ansiedlungen müssen überhaupt in den offenen und fruchtbaren Niederungen gesucht werden[2]).

Einzelfunde sind gemacht worden bei Gundelsheim, in Heilbronn, bei Flein[3]), bei Lehrensteinsfeld, bei Pfedelbach, bei Gailenkirchen und bei Hall[4]) und zwar sind dieselben meist Gegenstände aus Bronze.

Mit den Wohnungen der zu den Ringwällen und Gräbern gehörigen Bevölkerung hat man die sich findenden Trichter in Verbindung gebracht, deren Zweck noch nicht ganz klargestellt ist[5]). In unserem Landstrich hat man einen solchen Trichter nur im „Burgstall" bei Schmerbach (Oberamts Mergentheim) aufgefunden[6]).

Die vorrömischen Straßen sind noch wenig untersucht. Die großartigste ist die sogenannte Kaiserstraße[7]), die von Wimpfen aus viele Stunden lang auf dem Rücken zwischen Kocher und Jagst hinläuft und sich an den Markungsgrenzen[8]) bis in die Gegend von Dünsbach (Ober-

---

[1]) Paulus b. J. im Königreich Württemberg I. S. 125. 130.
[2]) W. Arnold, Ansiedlungen und Wanderungen deutscher Stämme S. 42.
[3]) v. Tröltsch, Fundchronik vom Jahre 1893: Fundberichte aus Schwaben I. 1893. S. 15.
[4]) Über einen Gefäßfund bei Hall s. Württ. Vierteljahrsh. für Landesgeschichte IV. 1881. S. 155.
[5]) J. v. Föhr, Hügelgräber auf der schwäbischen Alb, bearbeitet von L. Mayer. 1892. S. 30 ff. Korresp.Bl. b. Ges.Ver. d. deutschen Gesch.- u. Altert.Vereine XL. 1892. S. 7 ff.
[6]) Oberamtsbeschreibung von Mergentheim S. 731 ff. Nach Florschütz (Korresp. b. Ges.Ver. a. a. O. S. 8) innerhalb eines Ringwalls.
[7]) Oberamtsbeschreibung von Künzelsau S. 256.
[8]) Die Bedeutung fortlaufender anstoßender Markungsgrenzen für die Erforschung alter Straßen ist noch nicht genügend hervorgehoben worden. Da der Straßenbau in diesen dem großen Handelsverkehr etwas entlegenen Gegenden zur Zeit der Merowinger und Karolinger und noch später gewiß ganz unbedeutend war (vgl. v. Inama, Deutsche Wirtschaftsgeschichte I. S. 179. 449. II. S. 365 ff.), so werden die meisten alten Straßen, welche nicht bloß die nächsten Dörfer verbinden und an welche fortlaufende Markungsgrenzen stoßen, die also schon vor der Abgrenzung der Markungen vorhanden gewesen sein müssen, entweder der römischen oder der vorrömischen Zeit zuzuteilen sein. Da es nun einer fleißigen Forschung nicht allzu schwer ist, die römischen Straßen als solche herauszustellen, so darf man die übrigen mit ziemlicher Sicherheit als vorrömisch bezeichnen. — Diese vorrömischen Wege lassen sich auch sonst in Württemberg unschwer nachweisen, besonders in der Nähe alter Ringwälle

amts Gerabronn), also bis in die Gegend jener besonders zahlreichen Ringwälle und Grabhügel verfolgen läßt und jedenfalls auf den Burgberg weiter lief. Die an dieser „hohen Straße" liegenden Grabhügel zeigen ihren Ursprung aus vorrömischer Zeit an; vielfach ist sie auf beiden Seiten von wallartigen Erhöhungen begleitet, ähnlich wie auch die vorrömischen Wege im Taunus befestigt gewesen sind [1]). Eine Fortsetzung dieser Straße scheint der alte Weg zu sein, der auch mit dem Burgberg in Verbindung steht und nördlich an Onolzheim vorbei als „Heerstraße" bei Ingersheim über die Jagst läuft bis nach Dinkelsbühl und von da in östlicher Richtung weiter führt [2]). Von jener Kaiserstraße zweigt sich nun in der Gegend von Sindringen eine Straße ab, welche den großen Kocherbogen zwischen Sindringen und Untermünkheim abschneidet mit südlicher Umgehung der eingeschnittenen Thäler der Sall und der Hirschbach; von Untermünkheim aus dürfte sie im Kocherthal aufwärts auf Hall zugeführt haben. Durch diese vorrömische Straße scheint die Ausbuchtung des römischen Grenzwalls bei Sindringen später veranlaßt worden zu sein; dieser weicht hier von der geraden Richtung etwas nach links ab, offenbar um auf die schon vorher vorhandene Furt zu stoßen. Auch diese Furt zeigt eine bedeutende Abweichung von der Richtung des Grenzwalls nach links [3]). Die Römer haben bei der Ausmauerung dieser Furt den schon vorhandenen Übergang benützt. In gleicher Richtung wie diese Straße finden sich übrigens östlich von Öhringen noch verschiedene Straßenzüge, deren hohes Alter schon daran kenntlich ist, daß sämtliche Markungsgrenzen heutzutage an sie stoßen, und welche zum Teil von den Römern ausgebaut worden zu sein scheinen [4]). Eine weitere Abzweigung jener obengenannten Kaiserstraße scheint der Weg zu sein, der über die Jagst, über Hollenbach und Herbsthausen, auch als

---

von der Bedeutung des Burgbergs oder Hohenasbergs. So stand zum Beispiel mit dem Hohenasberg ein ansehnliches Straßennetz in Verbindung. Leicht zu erkennen sind heute noch ein Weg, der westlich, zunächst noch auf dem Kamm des Berges bleibend, in der Richtung auf Markgröningen zu ging, ein weiterer in östlicher Richtung (die Fortsetzung des Schwitzgäßles), der über Eglosheim und den Favoritepark nach Neckarweihingen und von da jenseits des Neckars auf den Lemberg bei Affalterbach zulief.

[1]) F. Kofler in der Westdeutschen Zeitschrift für Geschichte und Kunst. II. 1883. S. 407 ff.

[2]) Oberamtsbeschreibung von Ellwangen (Paulus) 1886, S. 324.

[3]) H. Ludwig, Neue Untersuchungen über den Lauf des römischen Grenzwalls vom Hohenstaufen bis zur Jagst. Programm des Kgl. Gymnasiums zu Schwäbisch-Hall. 1888. S. 22.

[4]) Vrgl. S. 14 ff. Durch den Verlauf von zweien dieser Wege ist es mir sehr wahrscheinlich, daß auch auf Waldenburg ein früherer Ringwall zu suchen ist.

„Kaiserstraße" oder „hohe Straße", nach Mergentheim ins Tauberthal führt¹). Von Hall aus zieht in südöstlicher Richtung über den Einkorn auf der Höhe bis an den Kocher bei Aglishofen der „Höhweg"²); ebenso zieht ein uralter Weg vom Burgberg aus nach Süden³).

Natürlich ist mit der Aufzählung dieser wenigen Hochstraßen das vorrömische Straßennetz durchaus nicht erschöpft. Dieselben meiden die Niederungen und ziehen sich gerne auf den Wasserscheiden fort⁴); sie stehen häufig, wie auch im Hochtaunus, mit den Ringwällen in Verbindung⁵); nach ihrem stundenlangen Verlauf auf den Höhen, wie überhaupt nach der ganzen Weitsichtigkeit ihrer Anlage zeigen sie alle eine enge Verwandtschaft, und sie deuten wohl schon auf Handelsverkehr hin.

Die Ringwälle und diese großartigen Straßenzüge machen wahrscheinlich, daß die Landesbewohner, die dieselben gebaut haben, in größeren Massen einheitlich organisiert waren.

Man hat nach den Denkmälern verschiedene Perioden dieser ältesten Zeit unterschieden: die Zeit der ausschließlichen Bronzekultur rechnet man etwa bis zum 9. Jahrhundert vor Christo; die Zeit des beginnenden Eisengebrauchs, die Hallstattperiode, bis zum 5. Jahrhundert, und von da an die neuere Eisenzeit, die La Tène-Periode⁶). Soweit die Gräberfunde eine Unterscheidung gestatten, würde jedenfalls die Besiedlung in der Neckargegend wie in der Gegend von Kirchberg an der Jagst schon in die Hallstattperiode fallen⁷). Ein sicheres Ergebnis der neueren Altertümerforschung ist, daß die La Tène-Kultur, der zahlreiche Altertümer unseres Bezirks angehören, mit dem Volk der Kelten zu verknüpfen ist⁸). In neuester Zeit ist es auch gelungen, die Zeit einiger Ringwälle,

---

¹) Oberamtsbeschreibung von Mergentheim S. 313.
²) Nach Paulus, Die Kunst- und Altertumsdenkmale im Königreich Württemberg, Inventar, 1890, S. 432 ein Stück „jener uralten Wegspur, welche Donau und Rhein auf kürzestem Weg miteinander verband; dieselbe läuft nämlich von Aalen am oberen Kocher und am ebenen Durchbruch zum Brenzthal, über den nordwestlich ziehenden langen Hochrücken der Limpurger Berge nach Hall, Öhringen, Neuenstadt am Kocher, Kochendorf, Wimpfen am Neckar, und von da nach Speier am Rhein."
³) Oberamtsbeschreibung von Ellwangen S. 323 ff.
⁴) Miller, Reste aus römischer Zeit in Oberschwaben. 1889. S. 49.
⁵) F. Kofler a. a. O.
⁶) Bissinger, Bilder aus der Urgeschichte des badischen Landes. Badische Neujahrsblätter I. 1891. S. 28 ff. Schumacher, Über den Stand und die Aufgaben der prähistorischen Forschung am Oberrhein und besonders in Baden. Neue Heidelberger Jahrbücher II 1892, S. 120 ff.
⁷) E. Freiherr von Tröltsch, Fundstatistik der vorrömischen Metallzeit im Rheingebiete. 1884.
⁸) Lamprecht, Deutsche Geschichte. 1891. I. S. 38.

der Wälle auf dem Altkönig im Taunus und im Brunhalbisthal oberhalb Dürkheim im Hardtgebirge, festzustellen, und zwar um das Jahr 300 vor Christus[1]), so daß also auch die Ringwälle jedenfalls zum Teil von den Kelten errichtet worden wären.

Ein weiteres Mittel neben den erhaltenen Altertümern, die am frühesten besiedelten Gegenden herauszustellen, bieten uns vordeutsche Fluß- und Ortsnamen, die sich bis in unsere Zeit erhalten haben. Bei keiner andern Namenklasse werden wir mit solcher Gewalt auf nichtdeutschen Ursprung hingewiesen wie bei den Flußnamen[2]). Solche Namen sind in unserm Gebiet[3]): die Tauber (Dubra beim Geographus Ravennas; im 8. Jahrhundert Tubere, 807 Dubragowe)[4]), der Neckar (Nicer bei Vopiscus, Probus 13, und bei Sidonius; im 8 Jahrhundert Necar, 796 Neckergow)[5]), die Jagst (767 Jagesgowe, 1024 Jagas)[6]), der Kocher (im 8. Jahrhundert Cochara, 795 Cochane; im 8. Jahrhundert Cochengowe)[7]) mit seinen Nebenflüssen, der Ohrn (Dorana 795)[8]), der Sall, 1246 Salle)[9]), der Kupfer (799 Cupfere, 1245 Kuppher)[10]), der Bühler (1024 Bilerna)[11]), der Biber (1265 Bibers, Wirt. Urkb. VI, Nr. 1782)[12]); von den Nebenflüssen des Neckars ferner die Suln (Sulmana 771[13]) und die Murr (vicani Murrenses auf einer römischen Inschrift; im 8. Jahrhundert Murrachgow)[14]). Wenn man sich auch gegen jede Erklärung aus dem Keltischen möglichst vorsichtig verhält, so werden doch wenigstens die angeführten Flußnamen mit ziemlicher Sicherheit auf keltischen Ursprung zurückgeführt, wenn auch der eine oder andere Name

---

[1]) Schwäbischer Merkur 1892, Nr. 274, v. 22. November.
[2]) Arnold, Ansiedlungen und Wanderungen deutscher Stämme S. 45.
[3]) Ad. Bacmeister, Alemannische Wanderungen. I. 1867. Blind, Die Kelten im württembergischen Franken, eine Studie zur Urgeschichte, besonders auf Grund der Flußnamen. Württ. Vjsh. f. Ldsg. XII. 1889. S. 180—202. Blinds Hypothese, daß die keltischen Namen unserer Gegend erst von den nach Christi Geburt eingewanderten Galliern des Tacitus stammen, die sich weit über den spätern Limes, bis über die Tauber hinaus, angesiedelt hätten, ist nicht haltbar.
[4]) M. R. Buck, Oberdeutsches Flurnamenbuch. 1880. S. 276.
[5]) Bacmeister a. a. O. S. 93.
[6]) Buck a. a. O. S 125.
[7]) Buck a. a. O. S. 141.
[8]) Bacmeister S. 108. Buck S. 198.
[9]) Buck S. 226.
[10]) Buck S. 149.
[11]) Buck S. 40.
[12]) Bacmeister S. 105.
[13]) Buck S. 260.
[14]) Bacmeister S. 97.

noch älter sein mag als die keltischen Sieblungen und auch von den Kelten nur angenommen worden ist. Nicht bloß ist bei einzelnen die Wurzel als keltisch nachgewiesen, wie bei Dubra, der Tauber[1]); auch wenn man auf die oft zweifelhafte Wurzelbedeutung weniger Gewicht legt, die undeutschen Derivationssilben, die Übereinstimmung mit anerkannt keltischen Flußnamenendungen legen einen keltischen Ursprung dieser Namen nahe[2]). Nehmen wir an, daß das Land an jenen Flüssen von den Kelten besiedelt gewesen ist, so bestätigt sich wieder, daß das Ebenenland früh von einer verhältnismäßig zahlreichen Bevölkerung besetzt war; selbst wenn die Kelten nicht die Erbauer jener Ringwälle und Straßen sind, so haben sie sich jedenfalls nach ihrer Einwanderung in diesen selben Gegenden niedergelassen. Mit Recht ist aus jenen keltischen Flußnamen, sowie aus dem gut erhaltenen Zustand dieser sprachlichen Denkmäler der Schluß gezogen worden, daß die keltische Bevölkerung sich auch eine verhältnismäßig geraume Zeit in diesen Sitzen gehalten hat[3]).

Der einzige Ortsname unseres Gebiets, der mit großer Wahrscheinlichkeit als keltisch betrachtet werden kann, ist Hall in den beiden Orten Hall und Niedernhall (W. U. I 222: in Halle inferiori . . in superiori im Jahr 1037); ein Name, der in deutschen Gegenden, in denen Kelten einst gesessen, häufig ist[4]). Man darf also an eine rohe Abdampfung der Salzsole durch diese Einwohner keltischen Stammes denken; mit dieser von ihnen in Hall betriebenen Salzsiederei darf man außer anderen später (S. 14. 15. 19) zu nennenden Wegen wohl besonders auch jene Straße von Untermünkheim nach Sindringen in Verbindung bringen, die zur Ausführung des Salzes gedient haben wird. In der Nähe un-

---

[1]) E. Förstemann, Die deutschen Ortsnamen. 1863. S. 240.

[2]) W. Scherer, Rezension von Arnolds Ansiedlungen u. s. f. in der Jenaer Litteraturzeitung 1876. S. 474. Förstemann a. a. O. S. 230. 240. Blind a. a. O. S. 197 ff.

[3]) Blind a. a. O. S. 198. Birlinger, Rechtsrheinisches Alamannien, Grenzen, Sprache, Eigenart: Forschungen zur deutschen Landes- und Volkskunde, hsgeg. v. Kirchhoff 1890, S. 287.

[4]) Grimm, Geschichte der deutschen Sprache I³ S. 210. V. Hehn, Das Salz, 1830; f. J. Hartmann, Der Name Hall: Zeitschrift des historischen Vereins für das württemb. Franken. 10. 1875. S. 28. Gegen keltischen Ursprung, aber ohne überzeugende Gründe: Förstemann a. a. O. S. 87. Buck, Flurnamenbuch S. 99 ff. Vrgl. auch Bezzenberger, Korresp.Bl. d. Deutsch. Ges. für Anthrop. 1875. Nr. 10. In wesentlichen Ergebnissen verfehlt ist der Aufsatz von H. Bauer, Die Römer im nördlichen Wirtemberg und angeblich in Schwäbisch Hall. Das Alter der dortigen Saline: Zeitschrift des historischen Vereins für das wirtembergische Franken. 1852. S. 49—73.

seres Gebiets liegt Wimpfen am Neckar (Wimpina), dessen Name ebenfalls für undeutsch und keltisch gilt[1]).

Daß keltische Stämme einst rechts vom Rheine gehaust haben, sagt Caesar (bell. gall. 6, 24: Ac fuit antea tempus, cum Germanos Galli virtute superarent, altro bella inferrent, propter hominum multitudinem agrique inopiam trans Rhenum colonias mitterent etc.); und Tacitus, dessen Nachricht nach der Bestimmtheit seiner Aussage aus zuverlässiger Quelle geflossen sein muß, nennt uns den Keltenstamm, der hier seine Sitze hatte, die Helvetier (Germ. c. 28: validiores olim Gallorum res fuisse summus auctor divus Julius tradit; eoque credibile est etiam Gallos in Germaniam transgressos . . . . . igitur inter Hercyniam silvam Rhenumque et Moenum amnes Helvetii, ulteriora Boii, Gallica utraque gens, tenuere[2]). Es ist sehr wahrscheinlich, daß dieser Stamm in einer großen gemeinsamen Bewegung mit den Volcae und Boii aus dem Innern Galliens um das Jahr 400 in unser Land ausgewandert ist[3]). Gegen 300 Jahre mögen sie rechts vom Rhein gesessen sein, bis sie vor den Zeiten des Ariovist, wahrscheinlich infolge des kimbrischen Wanderzugs, der den Germanen den Weg ins südliche Deutschland geöffnet zu haben scheint[4]), von den Germanen vertrieben wurden. Sie waren goldreich und friedliebend (Strabo 7, 2, 2 p. 293 nach Posidonius ἐπὶ Ἑλουητίους, πολυχρύσους μὲν ἄνδρας, εἰρηναίους δέ)[5]). Zu Cäsars Zeit wohnen sie, wie die Germanen in Gaue geteilt (bell. gall. 1, 12), in der heutigen Schweiz, in wenigen Städten, in zahlreichen Dörfern und

---

[1]) Förstemann a. a. O. S. 230. C. Christ, zur älteren Geschichte des unteren Neckarthals, besonders von Wimpfen: Heidelberger Jahrbücher der Litteratur. 1872. S. 237 ff. Buck, Württemb. Vierteljahrshefte für Landesgeschichte III. 1880. S. 43. Aus den keltischen Münzen, die in unserem Gebiet gefunden wurden, lassen sich keine ganz sichern Schlüsse ziehen, da sie nicht notwendig alle schon in vorrömischer Zeit an die Fundorte gekommen sein müssen. Es sind 2 Goldmünzen der Morini in Neckarwestheim (Nestle, Funde antiker Münzen im Königreich Württemberg, 1893 S. 47), eine Silbermünze der Tectosagen und eine andere keltische Goldmünze in Weinsberg (Nestle S. 59), eine Goldmünze der Boji und eine helvetische Imitation des Antigenes (Monatas (Goldmünze) in Öhringen (Nestle S. 60), ferner eine keltische Münze in Kirchberg an der Jagst (Nestle S. 94) und je ein Regenbogenschüsselchen in Mistlau und Ilshofen (Fundberichte aus Schwaben I. 1893. S. 42. 49). Immerhin mögen an diesen Orten alte Niederlassungen gewesen, oder mag wenigstens der Verkehr über diese Punkte gezogen sein.

[2]) Vergl. Zeuß, Die Teutschen und die Nachbarstämme S. 225.

[3]) Henning, Die Germanen in ihrem Verhältnis zu den Nachbarvölkern: Westdeutsche Ztschr. f. Gesch. und Kunst VIII. 1889. S. 39.

[4]) Müllenhoff, Deutsche Altertumskunde II. 1887. S. 302.

[5]) Vergl. Riese, Das rheinische Germanien in der antiken Litteratur. 1892. S. 4 ff.

in einzelnstehenden Gehöften (bell. gall. 1, 5: oppida sua omnia, numero ad duodecim, vicos ad quadringentos, reliqua privata aedificia incendunt), volkreich (bell. gall. 1, 2. 1, 29), Viehzucht und Ackerbau treibend (bell. gall. 1, 3). Ähnlich, vielleicht etwas weniger entwickelt, werden wir die Verhältnisse der Helvetier unseres Gebietes denken dürfen [1]).

Die Germanen, welche die verlassenen Triften und Ackerfluren der von ihnen vertriebenen Helvetier besetzten, haben jedenfalls das Land nicht in ausgedehnterer Weise kultiviert, als sie es von jenen übernommen; Viehzucht (bell. gall. 4, 1. 2) und Ackerbau der Germanen stand hinter denen der Gallier zurück (bell. gall. 6, 22). Die vielen keltischen Namen, die sich erhalten haben, lassen schließen, daß Reste der Vertriebenen in der alten Heimat zurückgeblieben sind [2]). Von den auf uns gekommenen Altertümern dürften kaum irgend welche auf die Germanen zurückzuführen sein [3]). Die Wirtschaft derselben wird wohl die gleiche gewesen sein, wie sie Cäsar sonst von den Germanen schildert: ausgedehnte Weidewirtschaft und Ackerbau in gemeinsamer Feldflur, keine Sonderwirtschaft des Einzelnen (bell. gall. 4, 1); die Obrigkeiten des Volkes und die Fürsten der Stämme wiesen den Geschlechtern und Verwandtschaften, die sich zusammenhielten, so viel an Land und dort jeweilig zu, wo es geeignet erschien, und zwangen sie von Jahr zu Jahr, im Anbau der Gemarkung zu wechseln (bell. gall. 6, 22)[4]).

Von den unter Ariovist genannten Stämmen erscheinen zur Zeit des Augustus als zwischen dem Main und Rhein gegen die Donau hin sitzend die Markomannen (Flor. 4, 12). Vermutlich nach Beginn des letzten Jahrzehnts vor Christus, nach des Drusus Feldzügen, zogen sie, aus dem von den Römern bedrohten Lande weichend, unter der Führung des Marobuduus nach Böhmen (Tac. Germ. 42. Vellej. 2, 108. Strabo 7, p. 290)[5]).

---

[1]) Zu Cäsars Zeit erstreckte sich das Gebiet der Germanen südlich bis an den Rhein (bell. gall. 1, 2: undique loci natura continentur [sc. Helvetii]: una ex parte flumine Rheno, latissimo atque altissimo, qui agrum Helvetium a Germanis dividit... Noch bei Ptolemäus II 11 wird das Land über der schwäbischen Alb (τὰ ὁμώνυμα τοῖς Ἀλπίοις καὶ ὑπὲρ τὴν κεφαλὴν τοῦ Δανουβίου, εἷς τῶν διεζωκότων τὴν Γερμανίαν ὁρῶν) die helvetische Einöde genannt (κατέχουσι τῆς Γερμανίας τὰ μὲν παρὰ τὸν Ῥῆνον ποταμὸν ἀρχομένοις ἀπ' ἄρκτων ...... ὑφ' οὓς Οὔισποι καὶ ἡ τῶν Ἐλουηντίων ἔρημος μέχρι τῶν εἰρημένων Ἀλπίων ὁρῶν).

[2]) Herzog, Die römischen Niederlassungen auf württembergischem Boden: Jahrbücher des Vereins von Altertumsfreunden im Rheinland. Heft LIX. 1876. S. 56.
[3]) Bissinger, Bilder aus der Urgeschichte des badischen Landes S. 35.
[4]) v. Inama, Deutsche Wirtschaftsgeschichte I. S. 8.
[5]) Zeuß, Die Deutschen und die Nachbarstämme S. 114 ff.

2. Die Römerzeit.

Die gallische Einwanderung. Besetzung durch die Römer. Der Limes und die Kastelle. Das Land jenseits des Grenzwalls. Die benachbarten Stämme. Agri decumates. Größere bürgerliche Niederlassungen. Villen. Örtlichkeiten und Gegenden der römischen Ansiedlung. Die Besitzverhältnisse. Civitates und vici. Herkunft und Sprache der Einwohner. Einbruch der Alamannen.

Nicht lange vor der Zeit, als Tacitus seine Germania schrieb, 98 nach Chr., galt das Neckarland noch als herrenlos. Das vorhandene Ackerland besetzten einzelne **gallische Einwanderer**. (Tac. Germ. 29: non numeraverim inter Germaniae populos, quamquam trans Rhenum Danubiumque consederint, eos qui decumates agros exercent. Levissimus quisque Gallorum et inopia audax dubiae possessionis solum occupavere. Mox limite acto promotisque praesidiis sinus imperii et pars provinciae habentur). Diese Einwanderung, die nach dem Abzug der Germanen, von denen immerhin Vereinzelte zurückgeblieben sein mögen, wohl ganz allmählich vor sich ging[1], ist von der römischen Regierung kaum gefördert, vermutlich nur geduldet worden[2]; sie richtete sich naturgemäß auf die bestbeschaffenen Landesteile.

Unter den Flaviern erfolgte die förmliche **Besetzung des Landes durch die Römer** (Tac. Germ. 29)[3]. Zangemeister[4] hat nachgewiesen, daß das mittlere Neckarland nach einem glücklichen Feldzug der Römer gegen die Germanen im Jahr 73—74 endgültig dem Reiche einverleibt worden ist. Mommsen[5] glaubt, daß zuerst nur das Land bis zur Neckarlinie besetzt und später die Grenze vorgeschoben wurde; ihm gegenüber nimmt Miller[6] an, daß die Anlage einer doppelten Linie aus anfänglichem, festem militärischen Plan hervorgegangen sei. Der Ausbau des Limes von Pfahlbronn bis Miltenberg wird jetzt fast übereinstimmend von den Forschern der Zeit des Kaisers Hadrian zugeschrieben[7]. Durch In-

---

[1] P. F. Stälin, Geschichte Württembergs I. 1. S. 9. K. Zangemeister, Zur Geschichte der Neckarländer in römischer Zeit. Neue Heidelberger Jahrbücher III. 1893. S. 1 ff.

[2] Herzog, Die römischen Niederlassungen a. a. O. S. 58. Mommsen, Römische Gesch. V. 1885. S. 138.

[3] Mommsen, Röm. Gesch. V. S. 138. 139.

[4] Neue Heidelberger Jahrbücher III. 1893. S. 9 ff.

[5] Röm. Gesch. V. S. 139.

[6] Zur Topographie der römischen Kastelle in Württemberg: Westdeutsche Zeitschrift für Gesch. und Kunst VI. 1887. S. 67 ff.

[7] Siehe P. Drück, Der römische Grenzwall. Bes. Beilage des Staatsanzeigers für Württemberg. 1891. S. 177.

schriften aus Böckingen ist sicher, daß die Neckarlinie unter dem Kaiser Antoninus Pius im Jahr 148 bestand, aber auch eine Inschrift aus Jagsthausen fällt in die Regierungszeit dieses Kaisers (138—161)¹); durch Inschriften aus Öhringen vom Jahr 169, aus Jagsthausen vom Jahr 179 ist erwiesen, daß auch die jener vorgelegte Linie früh nach Besetzung des Landes errichtet war²). Diese Grenzwehren bestehen aus **Kastellen**, die 12—15 Kilometer voneinander entfernt sind; bei der vorderen Linie ferner aus einem fortlaufenden Wall mit eingebauten Wachttürmen. Die Besatzungen der Kastelle hielten die an und über die Grenze führenden Straßen besetzt³). Die Kastelle am Grenzwall sind, soweit sie im württembergischen Franken liegen: Murrhardt, Mainhardt, Öhringen, Jagsthausen, denen links vom Neckar entsprechen: Benningen, Wahlheim, Böckingen und Neckarmühlbach, letzteres schon in Baden⁴); diese lagen an der Stelle, wo jene Straßen über den Neckar gehen, und sind von den Kastellen am Grenzwall etwa einen Tagmarsch entfernt. Alle Kastelle stammen wohl aus dem Ende des ersten und der ersten Hälfte des zweiten Jahrhunderts. Kastelle und Wall hatten den Zweck der Grenzbefestigung, daneben auch den der Grenzkontrolle⁵).

Der **Grenzwall war die militärische Grenze, die sich aber innerhalb der Gebietsgrenze hielt**. Dafür ist ein bestimmtes Zeugnis eine 1886 in dem Städtchen Dusai am Olympos in Bithynien, dem heutigen Düzbje, gefundene Inschrift⁶), die nach Mommsens sicherer Ergänzung lautet [ἐπίτροπον σε]βαστοῦ χώρας [ὁμειλοκεινης καὶ ὑπ]ερλιμιτανης ἐπίτροπον τ[οῦ αὐτοῦ σεβαστοῦ ἐπαρχίας Γαλατίας καὶ τῶν] συνενγυς ἐθνῶν Πορινια Ἀντιπατρις τον ἑαυτης εὐεργεταν. Nach Mommsen gehört die Inschrift in frühe Zeit, wahrscheinlich in die Domitians oder Trajans. Man darf wohl aus dem Vorkommen dieses Verwaltungsbeamten in der Inschrift schließen, daß sich jene gallische Einwanderung, was an sich wahrscheinlich ist⁷), über die Linie des späteren Grenzwalls hinüber erstreckt hat, und daß dieses Vorland des Limes immerhin ziem-

---

¹) Haug im Königreich Württemberg. 1. S. 170.
²) Vrgl. Mommsen, Röm. Gesch. V. S. 141.
³) Mommsen, Römische Geschichte V. S. 142. 443. Vrgl. Kofler, Alte Straßen in Hessen, Westdeutsche Zeitschrift für Geschichte und Kunst XII. 1893. S. 121.
⁴) Miller, Die römischen Kastelle in Württemberg. 1892. S. 7.
⁵) F. Haug, Ztschr. f. d. württ. Franken IX. S. 261 ff. Mommsen a. a. O. S. 143. P. F. Stälin I. 1. S. 18. P. Drück a. a. O. S. 181.
⁶) Mommsen, Korrespondenzblatt der westdeutschen Zeitschrift für Geschichte und Kunst V. 1886. S. 260. Zeitschrift für Ethnologie XIX. 1887. S. 311—312.
⁷) Vlind, Die Kelten im württemb. Franken a. a. O. S. 195.

lich ausgedehnt und nicht unbevölkert war[1]). Eine Entvölkerung dieses Landstrichs für den Grenzschutz wie am Unterrhein[2]) hat wohl kaum jemals stattgefunden, da dort gegenüber feindliche germanische Stämme saßen, hier aber eine verhältnismäßig doch recht spärliche und friedliche Bevölkerung.

Wenn berichtet wird, daß die römische Herrschaft bis zur Zeit des Kaisers Gallienus von Mainz landeinwärts 80 Leugen weit sich erstreckt habe, so wird man diese Nachricht[3]) mit Wahrscheinlichkeit auch auf die Gegenden am überrheinischen Wall in Württemberg übertragen dürfen, zumal ein Teil des württembergischen Vorlands zwischen dem rätischen und überrheinischen Wall eingeteilt liegt. Wir dürfen annehmen, daß in diesen Gegenden die römische Herrschaft wenigstens eine Zeit lang über die Grenzwehr hinausgegangen ist.

Von dieser Herrschaft jenseits des Limes zeugen mehrere römische Kunststraßen, die heute noch nachweisbar sind. So ist eine römische Pflasterstraße von Mainhardt nach Hall aufgedeckt worden[4]). Eine weitere römische Kunststraße führte nach des Verfassers Beobachtung von Öhringen nach Hall[5]); sie läuft von Kappel auf der Höhe zwischen Eppach und

---

[1]) Als bloßes Ödland, wie F. Paulus meint (Kronik des Schwäb. Merkurs 1887, 275 v. 20. Nov.), darf also das Land jenseits des Limes nicht angesehen werden (s. G. Sixt in der Kronik des Merkurs 1887, 288 v. 6. Dez.); ganz unwahrscheinlich ist auch die Ansicht Bosserts (Württemb. Kirchengeschichte 1883 S. 3), daß dieses Vorland als Weideland benützt worden und nur wenige Kilometer breit gewesen sei, also sich wohl vom rätischen Limes bis zur späteren Grenze des Bistums Augsburg erstreckt habe. W. Nestle (Limes in der antiken Litteratur. Württ. Vjsh. Neue Folge II. 1893. S. 122, Anm. 2) vermutet, daß in der obigen Inschrift unter Limes wohl noch die Neckarlinie zu verstehen sei.

[2]) Mommsen, Röm. Gesch. V. 113.

[3]) Die Notiz findet sich hinter dem Veroneser Provinzialverzeichnis — Notitia dignitatum ed. Seeck p. 253 —; istae omnes civitates trans Rhenum in formulam Belgicae primae redactae trans castellum Montiacense: nam LXXX leugas trans Renum Romani possederunt. Istae civitates sub Gallieno a barbaris occupatae sunt. Mommsen, Röm. Gesch. V. S. 137. 138.

[4]) Paulus, Archäologische Karte. v. Paulus, Die Altertümer in Württemberg S. 96. Miller, Korrespondenzblatt der westd. Ztschr. f. Gesch. und Kunst X. 1890. S. 5.

[5]) Auf dieser Linie sind auch 2 von den römischen Münzen gefunden worden, die aus dem Teil unseres Gebietes, der jenseits des Grenzwalls lag, stammen, und zwar bei Neuenstein (ein Domitianus, Mittelerz. Nestle, Funde antiker Münzen im Königreich Württemberg S. 81) und Hall (ein Mark Aurel, Mittelerz, Nestle S. 81); andere Münzen wurden ebenfalls an einer alten, wahrscheinlich vorrömischen Straße (s. S. 28) gefunden, bei Mönchhof (ein Domitianus) und Kirchenkirnberg (zwei Vespasiani, Mittelerz; s. Nestle S. 81). Eine keltische Münze der späteren Zeit (Gallia

Söllbach hin, ersteigt südlich von Eschelbach die Walbenburger Berge und erreicht, über die Neumühle und Gottwollshausen gehend, das Kocher=
thal bei Untermünkheim¹). Diese Straßen sind wahrscheinlich auf Grund
vorrömischer Straßen erbaut worden, wie auch die alte Hochstraße zwischen
Kocher und Jagst von den Römern benützt worden ist. Es werden ge=
wiß auch noch andere Römerstraßen außerhalb des Limes aufgefunden
werden²), und man darf wohl annehmen, daß direkte Straßen vom
Neckar zur Donau, vom überrheinischen zum rätischen Grenzschutz be=
standen haben.

Aus dem Umstand, daß Hall zur Römerzeit ein Ausgangspunkt
langer Straßenzüge war, darf man mit Sicherheit den Schluß ziehen,
daß auf der Stätte von Hall damals schon eine wichtige Ansiedlung be=
stand. Die Straßen nach den nächsten Kastellen Mainhardt und Öhringen
führen weiter an den Neckar und an den Rhein. Diese Straßen haben
jedenfalls zur Ausfuhr des Salzes aus dem Kocherthal gedient; die
nächsten Salzstätten des Römerlandes waren erst wieder in Lothringen³).

Da jenseits des Limes keine römischen Inschriften aufgefunden
worden sind⁴), so muß man die Verhältnisse sich ähnlich denken, wie
sie am Unterrhein bestanden⁵), daß der Limes wohl von der römischen
Herrschaft, aber nicht von der römischen Kultur überschritten wurde.

Man hat als östliche Anwohner des württembergischen Grenz=
walls den Volksstamm der Hermunduren angenommen, weil sie nach
Tacitus, Germania 41 bis nach Augsburg Handel trieben⁶). In der

---

Belgica) wurde bei Crailsheim gefunden (Fundberichte aus Schwaben I. 1893.
S. 42. 49).

¹) Der Verlauf derselben läßt sich in der Ebene besonders an den Markungs=
grenzen genau verfolgen. Römischen Ursprung legen hier auch die Flurnamen nahe:
(nach der togographischen Karte) Wachfeld, Steinäcker, Wachböbel, Herdgasse. Ein
gepflasterter Damm ist links oder rechts von der heutigen Steige südlich von Eschel=
bach stets scharf neben derselben etwa 600 Meter vorzüglich erhalten.

²) So sucht man eine römische Kunststraße, die übrigens auch schon auf die
vorrömische Zeit zurückgeht, von Hall über Kröffelbach in östliche Richtung verlaufend.
P. Drück, Der römische Grenzwall, a. a. O. S. 179. E. Paulus, Schwäbische
Kronik 1887, 275. 20. Nov. — Miller am oben a. O.

³) Mone, Urgeschichte d. bad. Landes I. S. 305. (E. Christ, Zur Geschichte des
römischen Dekumatenlandes, hauptsächlich der Gegenden des heutigen württembergischen
Frankens zur Römerzeit. Heidelberger Jahrbücher der Litteratur. LXV. 1872.
S. 653.

⁴) Haug, Die römischen Inschriften in württembergisch Franken. Ztschr. des
hist. Ver. für das wirt. Franken. VIII. 1868–1870. S. 546.

⁵) Mommsen, Röm. Gesch. V. S. 115.

⁶) So noch P. F. Stälin I. S. 17.

That haben diese einen Teil des früheren Markomannenlandes um die Zeit von Christi Geburt besetzt (Dio Cassius 55, 10a, 2)¹); doch wird dieser wohl am obern Main gelegen sein. Nach Tacitus, Germania 42 saßen neben den Hermunduren noch die Narisci und zwar näher an der Donau (juxta Hermunduros Narisci ac deinde Marcomanni et Quadi agunt . . . . eaque Germaniae velut frons est, quatenus Danuvio peragitur)²), wahrscheinlich am Regenflusse³), nach Ptolemäus II 11 begrenzt von den Sudeten und dem Böhmerwald. Näher dem Grenzwall haben hier wohl noch andere Stämme gehaust⁴). Ptolemäus nennt verschiedene Namen (. . . ὑπὸ δὲ τὰ ὄρη Οὐαριστοί · εἶτα ἡ Γαβρῆτα ὕλη · καὶ ὑπὸ μὲν τοὺς Μαρουίγγους Κουρίωνες, εἶτα Χαιτούωροι καὶ μέχρι τοῦ Δανουβίου ποταμοῦ οἱ Παρμαικάμποι · ὑπὸ δὲ τὴν Γαβρήταν ὕλην Μαρκομανοί . . .), zum Teil von keltischem Klang; sicher deutsche Form trägt nur der Name der Μαρουίγγοι⁵).

Mit der amtlichen Bezeichnung agri decumates ist das anfänglich nicht der Provinz Gallien einverleibte Gebiet wohl deswegen benannt worden, weil die Bewohner zwar den Zehnten vom Bodenertrag der römischen Steuerverwaltung zahlten, aber zu den übrigen Lasten der Provinz noch nicht herangezogen wurden⁶). Der Name galt also nur so lange, als der Landstrich noch nicht der Provinz einverleibt war⁷). Das Gebiet wurde wohl als Eigentum des Kaisers betrachtet, das von dem zuerst Besitz Ergreifenden gegen Abgabe des Zehnten benutzt werden konnte⁸). Durch die oben erwähnte Inschrift, die einen ἐπίτροπον Σεβαστοῦ χώρας Σομελοκέννης καὶ Ὑπερλιμιτάνης nennt, wird es sehr glaublich, daß dieses Domänenland darum nicht unter diejenige Finanzbehörde gelegt ward, welcher das ältere Obergermanien unterstand, sondern eine eigene Pro-

---

¹) Vgl. Riese, Das rheinische Germanien in der antiken Litteratur S. 62.
²) Zeuß, Die Deutschen und die Nachbarstämme S. 104.
³) F. L. Baumann, Schwaben und Alamannen, ihre Herrschaft und Identität. Forschungen zur deutschen Geschichte. XVI. 1876. S. 236.
⁴) Grimm, Geschichte der deutschen Sprache³ S. 415.
⁵) Zeuß a. a. O. S. 121. Ein keltischer oder germanischer Stamm als Anwohner des römischen Limesgebiets in Unterfranken ist uns bekannt durch einen auf dem Greinberg südlich bei Miltenberg gefundenen Grenzstein: Inter Toutonos C A H F. Vgl. Conrady im Korresp.Bl. d. Ges.Ver. b. deutsch. Gesch.- u. Altert.Ver. XXVI. 1878. S. 68 ff. Mommsen, ebb. S. 85.
⁶) Hübner, Römische Herrschaft in Westeuropa. 1890. S. 91.
⁷) Wenig ansprechend ist die von Riese S. 471 versuchte Ableitung der Benennung von dem Namen eines ursprünglichen Hauptorts Decuma oder ad Decumam (sc. lapidem).
⁸) Mommsen, Röm. Gesch. V. S. 138. Anm. 1.

kuration hatte¹). Aus einer Stelle des Paulus in den Dig. 21, 2, 11 wird geschlossen²), daß noch am Anfang des 3. Jahrhunderts das Land im allgemeinen Domäne gewesen sei, wenn es auch der Occupation gegen einen Zehnten überlassen wurde, und sich in diesem Verhältnis vererbt habe, wie auch Gegenstand des Kaufs und Verkaufs geworden sei. Solange zu Anweisungen an die Veteranen noch freies Land verfügbar war, galt es als ungefährdeter Besitz; aber die Verwaltung hat sich das Recht vorbehalten, es wieder einzuziehen.

Erst nachdem die nächstliegenden Zwecke befriedigt, die notwendigsten Befestigungen und Straßen von der Militärverwaltung angelegt waren³), konnten sich die bürgerlichen Verhältnisse entfalten⁴).

Die bürgerlichen Niederlassungen schlossen sich allmählich an die militärischen an⁵), so daß nach und nach die Kastelle einen bürgerlichen Anhang bekamen. Außerhalb des Kastells standen die Buden der Wirte und Krämer, auch die Götteraltäre und Tempel⁶); die Veteranen blieben gerne nach der Entlassung an ihren gewohnten Quartierorten. Solche bürgerliche Niederlassungen entstanden neben den Kastellen zu Murrhardt und Mainhardt; zu Öhringen, wo der Zivilort sich zwischen den beiden Kastellen befand⁷); zu Jagsthausen, und zwar hier nach den Funden südlich und westlich vom Kastell. Die älteste in Öhringen gefundene Inschrift, aus dem Jahr 169, ist schon eine Privatinschrift; und in der That ist auch der Ort nach dem damals regierenden Kaiser Mark Aurel vicus Aurelii benannt worden⁸), vielleicht mit Umdeutung aus dem keltischen Namen des Flüßchens⁹). Gegenüber dem Kastell von Benningen entstand rechts vom Neckar der vicus Murrensis. Als bedeutendere bürgerliche Niederlassungen, welche nicht in der Nähe der Kastelle liegen¹⁰), erweisen sich durch aufgefundene Überreste die bei Großbottwar, wo im Jahr 201 ein Veteran mit seiner Familie dem Apollo

---

¹) Mommsen, Westd. Zeitschr. a. a. O.
²) Herzog, Die römischen Niederlassungen a. a. O. S. 59.
³) Herzog a. a. O. S. 54.
⁴) Paulus b. J., Römische Straßen und Niederlassungen, Königreich Württemberg I 1, S. 172.
⁵) P. F. Stälin I. S. 30.
⁶) Haug im Königreich Württemberg I 1. S. 136.
⁷) Mitteilung Herzogs in der Schwäb. Kronik 1892, Nr. 210, F. 1766.
⁸) Mommsen, Röm. Gesch. V. S. 142.
⁹) Christ, Zur Geschichte des römischen Dekumatenlandes a. a. O. S. 666. Buck, Oberdeutsches Flurnamenbuch S. 198.
¹⁰) Paulus b. J., Römische Straßen und Niederlassungen, im „Königreich Württemberg". I 1. S. 175.

und der Sirona einen Tempel erbaute, ferner bei Neuenstadt, wo nach der Inschrift bei Brambach C. I. R. 1605 unter Caracalla ein Einwohner die Würde eines decurio seiner civitas bekleidete.

Es scheinen also in unserer Gegend nur wenige ausgedehntere Niederlassungen gewesen zu sein, eine Beobachtung, die mit der auch sonst im rechtsrheinischen Römerland gemachten durchaus stimmt[1]). Weitaus die meisten Ansiedlungen waren nur einzelnstehende aus Stein gebaute Häuser und Höfe, von denen aus das Land bebaut wurde. Diese Villen breiten sich in ziemlicher Anzahl über das ganze von den Römern besiedelte Gebiet aus. Sie zeigen in ihrer Grundanlage gewisse Ähnlichkeiten[2]); sie sind von einer Umfassungsmauer umschlossen[3]), auf sommerlichen, sanften Bergabhängen, meist auf einer künstlichen oder natürlichen Terrasse gelegen[4]), gewöhnlich etwas seitwärts von der Straße, wahrscheinlich durch einen Seitenweg mit ihr verbunden. Jedenfalls waren diese Villen meistens die Ansiedlungen ländlicher römischer Grundbesitzer und lagen inmitten der denselben gehörigen Felder[5]). Man darf annehmen, daß diese Villenwirtschaft im Lande die Regel war. Daneben mögen bei der gemischten Bevölkerung noch andere Siedlungen einer ärmlichen Landbevölkerung bestanden haben, von denen wir nichts wissen[6]).

Solche Wirtschaftshöfe[7]) waren in der Nähe des Murrthals bei Affalterbach, Marbach (2), Murr, Steinheim, Kirchberg, Burgstall (2), Erbstetten (Oberamts Marbach); wahrscheinlich bei Backnang, wo man auf römische Gräber stieß, bei Steinbach (Oberamts Backnang). Rechts vom Neckar bis zu den östlichen Keuperbergen bei Neckarweihingen (Oberamts Ludwigsburg), wahrscheinlich bei Pleidelsheim, ferner bei Mundelsheim (2) (Oberamts Marbach); gegenüber dem Kastell Wahlheim bei Gemmrigheim an 4 Orten (Oberamts Besigheim); im Wassergebiet der Schotzach beim Abstätterhof[8]) und bei Auenstein (Oberamts Marbach); ferner bei Lauffen (Oberamts Besigheim); bei Horkheim (2) und bei Heilbronn gegenüber von dem Böckinger Kastell (Oberamts Heilbronn); bei Eberstadt, vielleicht auch bei Hölzern (Oberamts Weinsberg); ferner bei Rochendorf und Offenau, wahrscheinlich auch bei Gundelsheim (Ober-

---

[1]) Bissinger a. a. O. S. 46. Paulus d. J. im Königr. Württ. S. 175.
[2]) Bissinger a. a. O. S. 49.
[3]) Miller, Reste aus römischer Zeit in Oberschwaben S. 31.
[4]) Paulus, Die Altertümer in Württemberg S. 9.
[5]) Hettner, Zur Kultur von Germanien und Gallia Belgika. Westd. Ztschr. II. 1883. S. 13 ff. Miller a. a. O. S. 26—32 hält sie zum Teil für öffentliche Bäder.
[6]) Bissinger a. a. O. S. 52.
[7]) v. Paulus, Die römischen Altertümer.
[8]) Württ. Vjsh. f. Landesk. XIII. 1890. S. 11.

amts Neckarsulm). In der Nähe des Kocherthals bei Hagenbach, Ob=
heim (2), in der Nähe von Neuenstadt bei Bürg, ferner bei Lampolds=
hausen (2) (Oberamts Neckarsulm), bei Möglingen, Rückertshausen und
Sinbringen (Oberamts Öhringen). In der Nähe des Jagstthals bei
Obergriesheim (2); beim Kreßbach und beim Neuhof, Gemeinde Siglingen;
bei Domeneck und beim Habicht, Gemeinde Züttlingen; bei Möckmühl; im
Wassergebiet der Seckach bei Bittelbronn und Roigheim (2); ferner bei
Wibbern; ob auch bei Olnhausen in der Nähe von Jagsthausen, ist frag=
lich (Oberamts Neckarsulm [1]).

Auch die Umgebung der Grenzniederlassungen wurde im Lauf der
Zeit dem Feldbau übergeben [2]), besonders um Murrhardt [3]) und Öhringen [4]).

Jedenfalls haben auch die aus militärischen Gründen angelegten
Straßen Einfluß auf die bürgerlichen Sieblungen gehabt, indem man sich
wohl leichter entschlossen hat, den Ort der Niederlassung in der Nähe
einer solchen Straße zu wählen. So an den Verbindungsstraßen der
Grenzwallkastelle mit den Neckarkastellen, z. B. zwischen Öhringen und
Böckingen die Ansiedlungen im Eberstadter Thal, zwischen Murrhardt
und Benningen die Niederlassung bei Rielingshausen. Ebenso haben wohl
auch aus vorrömischer Zeit stammende Straßen römische Ansiedlungen
begünstigt: so hat eine von Hall herkommende wahrscheinlich vorrömische
Straße die Niederlassung von Grab am Grenzwall veranlaßt. An der

---

[1]) Römische Münzen wurden gefunden bei oder in Marbach, (in Oberften=
feld ein Constantinus), Gemmrigheim, Hertheim, Heilbronn, Kochendorf, Offenau,
Duttenberg, Gundelsheim, Tiefenbach, (in Obheim ein Tioletianus), in Neuenstadt,
Rückertshausen, Möckmühl; ferner in den Grenzkastellen Jagsthausen (133 Stück),
Öhringen (136), Mainhardt (13) und Murrhardt (6); s. Nestle S. 47 ff. Fund=
berichte aus Schwaben I. 1893. S. 38 ff.

[2]) Paulus d. J., Römische Straßen und Niederlassungen im Königreich Würt=
temberg. I. S. 172.

[3]) Nördlich von Murrhardt fand man römisches Mauerwerk beim Einfluß des
Trauzenbachs in den Siegelsbach, südwestlich bei Waltersberg. In der Mainhardter
Gegend wurden römische Münzen gefunden bei Schönbronn am Limes (Fundberichte
aus Schwaben I. 1893. S. 38), zu Gailsbach (in einem römischen Wachthaus) und
beim Gögelhof (Nestle S. 59).

[4]) So wurden in der Nähe von Öhringen auf dem Sonnenberg westlich von
der Straße nach Unterohrn römische Grundmauern gefunden (Miller, Die römischen
Kastelle in Württ. S. 25). Auf eine römische Sieblung weist ferner der Name des
Ortes Mörig (im Öhringer Obleybuch 1428—1455 Moreche) = (römisches) Gemäuer:
Keller a. a. O. S. 47, Anm. 1. Das Königr. Württemb. III (Buch V) S. XV;
ferner der in die Unterheimbacher Kirche eingemauerte, wahrscheinlich von Windischen=
bach stammende Stein (Keller S. 26); weiter Münzen, die in der Öhringer Gegend
bei Weißlensburg, zu Verrenberg, zwischen Adolzfurt und Gebbelsbach gefunden wurden
(Keller S. 4, Anm. 5. Nestle S. 59. 81).

Hochstraße zwischen Kocher und Jagst liegt eine römische Ansiedlung beim Habicht, südlich von Möckmühl. Als dann allmählich auch bürgerliche Verkehrsstraßen gebaut wurden, dürften diese hinwiederum auf die Wahl mancher Orte für die Niederlassung eingewirkt haben.

Man findet die bürgerlichen Niederlassungen der Römer in fruchtbaren Gegenden, auf günstigen Bodenarten[1]). Es ist natürlich, daß sie sich häufig an Stellen niederließen, die schon von vorrömischer Kultur in Angriff genommen waren, und dafür sprechen auch die Fundstellen vorrömischer und römischer Altertümer an denselben oder an benachbarten Punkten[2]): so bei Rielingshausen, Kirchberg, Gemmrigheim, Heilbronn; bei Kochendorf und Odheim; bei Offenau und Züttlingen.

Wir sehen von den Römern die fruchtbaren Gegenden unseres Landstrichs angebaut, die Gegend um das Murrthal, das Neckarthal; diese Sieblungen schließen sich an die zahlreichen römischen Niederlassungen auf dem Langen Feld und im Zabergäu und dadurch an die stark besiedelte Gegend zwischen dem nördlichen Schwarzwald und dem unteren Neckar an; ferner die Gegend um das Kocher- und Jagstthal, und die Umgebung der Grenzwehrplätze. Selbst wenn wir annehmen, daß noch viele Villen im Lauf der Zeit entdeckt werden, so ist doch zweifellos, daß zwischen den einzelnen Sieblungen weite Strecken unbebauten Landes und ausgedehnte Wälder lagen; das Keuperbergland im Süden unseres Landstrichs haben wir uns trotz den zahlreichen Straßenzügen höchstens ganz schwach besiedelt zu denken.

Eine allzu dichte Bevölkerung darf man also in römischer Zeit nicht annehmen. Die Hauptbeschäftigung derselben wird die Landwirtschaft gewesen sein.

Die Besitzverhältnisse werden wohl auch nach und nach festere geworden, und der Charakter des Landes als Zehentlandes zurückgetreten sein. Die Veteranen bekamen das ihnen angewiesene Land als ihr Eigentum[3]). Herzog[4]) glaubt, daß man bei der Konstituierung einer civitas oder eines vicus das Land der darin bestberechtigten Bevölkerung zum vollen Eigentum gegeben habe, wie es die Veteranen besaßen.

Zu welchen civitates unsere Niederlassungen gehört haben, ist noch nicht erkundet worden, da überhaupt als civitates im oberrheinischen Land diesseits des Stroms nur Rottenburg, Baden und Ladenburg

---

[1]) Paulus d. J. im Königreich Württemberg I 1. S. 175.
[2]) v. Paulus, Die Altertümer in Württemberg S. 25.
[3]) in suo — auf eigenem Grund und Boden — auf Inschriften von Großbottwar und Jagsthausen, letztere vom Jahr 221.
[4]) Die römischen Niederlassungen a. a. O. S. 59.

(Sumelocenna, Aurelia Aquensium und die civitas Ulpia Sueborum Nicretum) bekannt sind [1]). Dagegen sind uns aus den Inschriften zwei vici bekannt; der vicus Aurelius (Öhringen) und der vicus Murrensis (Marbach). Da beide sich an ein Kastell anschließen, so darf man wohl annehmen, daß auch an einzelne der übrigen Kastelle sich solche vici angeschlossen haben. Jedenfalls waren es nicht viele [2]). Diese untergeordneten Ortschaften waren zum Teil ansehnlich [3]). Aber im großen Ganzen war eine bedeutende Entwicklung munizipalen Lebens nicht vorhanden.

Die Herkunft der Einwohner des Landes außer den spärlichen im Lande zurückgebliebenen Resten der früheren Bevölkerung mag vorzugsweise eine gallische gewesen sein, was man aus den Namen der Inschriften schließen kann [4]). Mit den Truppen kamen aber Italiker und die Angehörigen der verschiedensten Völkerschaften ins Land, die nach ihrer Entlassung vielfach hier sitzen blieben; so lagen freiwillige römische Bürger in Benningen und Murrhardt, Helvetier und Brittonen in Böckingen und Öhringen; Asturier in Mainhardt, Germanen in Jagsthausen; in Mainhardt kommen Militärpersonen aus Dalmatien vor. Eine solche buntgemischte Bevölkerung ohne geschlossene Nationalität nahm natürlich die römische Kultur rascher und völliger an, als es in Provinzen mit einheitlicher nationaler Bevölkerung geschah [5]), wie dem Gallien an der Seine und Loire [6]). Lateinisch war jedenfalls nicht bloß die offizielle Sprache, sondern auch die Verkehrssprache wenigstens weitaus des größten Teils der Bevölkerung, wenn auch, wie die geringe Zahl der dem zweiten Jahrhundert angehörigen Inschriften zeigt, die römische Kultur nur langsame Fortschritte machte [7]).

---

[1]) Die Inschrift, die in Neufeld gefunden wurde (genium c. Alisin. L. Aventinus Maternus d. c. s. t. don.) ist noch nicht sicher erklärt. Man hat an eine civitas Alisinonsium gedacht. Ebensowenig erklärt ist das zweifelhafte dec c. A. einer Neuenstadter Inschrift. S. Haug a. a. O. S. 334. 352.

[2]) Herzog, Die römischen Niederlassungen u. s. w. S. 58.

[3]) In Öhringen kommt im Jahr 222 ein collegium inventutis, ferner eine Vereinigung von veterani und peregrini vor (Haug, im „Königr. Württemb." I 1. S. 167—169); jedoch scheint der im Jahr 232 genannte quaestor kein Beamter des vicus gewesen zu sein, da in der Inschrift der Name des Ortes genannt ist (vicanis Aurel... restituit). In Marbach wird eine Schifferzunft und ein collegium peregrinorum genannt (Haug a. a. O. S. 159. 160).

[4]) Haug a. a. O. S. 137.

[5]) Brambach, Baden unter römischer Herrschaft, 1867. S. 26. P. F. Stälin I. S. 24.

[6]) Mommsen, Röm. Gesch. V. S. 93.

[7]) Herzog, Die römischen Niederlassungen a. a. O. S. 69.

Im Jahr 213 tritt das Volk der Alamannen auf, das wohl aus verschiedenen Stämmen zusammengewachsen ist, in der Hauptsache aber aus den in früherer Zeit an der mittleren Elbe hausenden Semnonen besteht[1]). Zur Zeit des Gallienus vor dem Jahr 270 haben sie das römische Land auf dem rechten Rheinufer in Besitz genommen[2]); die letzten Inschriften der Römerzeit sind in Öhringen aus dem Jahr 237[3]), in Jagsthausen aus dem Jahr 248 gefunden worden[4]). Nachdem der Kaiser Probus 282 die Alamannen noch einmal über den Neckar und die Alb, also bis in unser Gebiet zurückgejagt hatte (Fl. Vopiscus c. 13—15), ging das Land endgültig für die Römer verloren[5]).

Ganz unbeantwortet muß man bis jetzt die Frage lassen, wie viele von der ohnehin nicht dichten voralamannischen Bevölkerung in unserem Landstrich sitzen geblieben sind; es werden die wenigsten Römer zurückgeblieben sein[6]).

[1]) F. L. Baumann, Schwaben und Alamannen, ihre Herkunft und Identität. Forschungen zur deutschen Geschichte XVI. 1876. S. 224.
[2]) Mommsen, Röm. Gesch. V. S. 150.
[3]) Keller a. a. O. S. 3.
[4]) Westdeutsche Zeitschr. f. Gesch. u. Kunst VI. 1887. S. 55. 71 ff.
[5]) Die Kämpfe um den Besitz des Landes spiegeln sich auch in den Münzfunden wieder. Die Münzreihen weisen Lücken auf in Öhringen zwischen 251 und 260, in Mainhardt 235 (oder 238) bis mindestens 286; in Murrhardt hören die Münzfunde ganz auf 249 (Nestle S. 28. 29). An mehreren Orten aber wurden römische Münzen aus der Zeit nach der Besetzung des Landes durch die Alamannen gefunden. Man mag hier bei den vielen Kriegszügen des dritten und vierten Jahrhunderts an eine zeitweilige Wiederbesetzung von gewissen Plätzen durch die Römer denken, so von Mainhardt, wo 2 Münzen des Maximianus und des Maximinus gefunden wurden (Nestle S. 59), von Jagsthausen, wo noch 16 Münzen von Gallienus bis Magnentius (253 bis 353) sich fanden (Nestle S. 20. 58), und besonders von Öhringen, wo wir 36 Münzfunde von Gallienus bis Julianus zählen (Nestle S. 21. 22. 80), und wo der Zusammenhang der römischen Kriegszüge mit den Münzfunden besonders klar zu liegen scheint, da wir ja von einem Kriegszug des Julian in diese Gegend Kunde haben (s. S. 26. Keller S. 5. Anm. 1). Zum Teil mögen solche Münzfunde aber auch darauf zurückgehen, daß sich an diesen und anderen Plätzen römische Bevölkerung unter den Alamannen gehalten hat; daher mag z. B. der erst im 4. Jahrhundert vergrabene Münzschatz von Horkheim (300 Münzen, Nestle S. 14) stammen. Andere Funde werden aber wohl auf die Alamannen selbst zurückgehen, so ein Fund von römischen Münzen, besonders der Tetrici, meist von barbarischem Gepräge, aus Künzelsau jenseits des Grenzwalls (Nestle S. 77. 114. Fundberichte aus Schwaben I. 1893. S. 49), ein Diocletianus aus einem Grab bei Öhheim (Nestle S. 58), ein Constantinus aus Oberstenfeld (Nestle S. 94) und einer aus Eschwend (Fundberichte I. S. 42).
[6]) Rümelin, Historischer Überblick über die Abstammung, im Königr. Württemb. II. 1, Buch III. S. 4. Blind, Die Kelten u. s. w. a. a. O. S. 202 vermutet sitzen gebliebene Fremde in *Walkenthal bei Crispenhofen, in Wallhausen bei Gerabronn (von

II. Die Zeit der Alamannen.

Abteilungen der Alamannen. Ansiedlung nach Geschlechtern. Verhältnis zu den römischen Niederlassungen. Ansiedlung nach Dörfern. Die Burgundionen. Deren Verfassung und Ansiedlungsweise. Eroberung des Landes durch die Franken. Grenze zwischen Franken und Alamannien. Die Grundwörter der Ortsnamen -weiler, -ingen, -heim. Die alamannischen Ansiedlungen. Aufzählung der Orte auf -ingheim und -ingen. Orte mit Reihengräbern. Die Gegend jenseits des Grenzwalls. Wälder. Ursprüngliche Bodenbeschaffenheit. Laub- und Nadelholzgebiet.

Es scheint allen deutschen Völkern gemeinsam zu sein, daß ihre Ansiedlungen in dieser und der folgenden Zeit von größeren Haufen ausgingen, die durch den Heeresverband zusammengehalten waren, und die sich so gemeinsam neue Sitze bereiteten[1]). Bei den Alamannen treten nach der Eroberung des rechtsrheinischen Römerlandes die verschiedenen Abteilungen (pagi: Ammianus Marcellinus 15, 4; 17, 10; 18, 2; 21, 3) noch mehr als bei den sonstigen großen deutschen Stämmen in ihrer Besonderheit hervor; an der Spitze jeder Abteilung stand ein besonderer Herzog, auch König genannt. Unser Gebiet mag zu mehreren solcher fest umgrenzten[2]) Gaue gehört haben[3]).

Die weitere Gliederung dieser größeren Gemeinschaften schloß sich wieder an die gegebenen Heeresabteilungen, die Geschlechter, an. Es ist eine Erinnerung daran, wenn in der ältesten Aufzeichnung des alamannischen Rechts von den Sippschaften des Heeres als der Versammlung des Volkes die Rede ist (Lex Alamannorum pactus II 48: Si litus fuerit in ecclesia aut in heris generationes dimissus ..[4]). Die Alamannen haben sich darum geschlechterweise in den Gauen angesiedelt. Die Geschlechter nahmen gemeinsam die ihnen zugeteilte Mark in Besitz, die sie dann wieder zum Teil an die einzelnen Familien verteilten[5]).

---

walah, fremd). Aber schon die Erklärung der Namen ist hier nicht sicher. Auch die anthropologischen Ergebnisse sind bis jetzt weder besonders fest noch erlauben sie annähernd gewisse historische Schlüsse (s. Hölder, Im Königreich Württ. II, 1, Buch III. S. 81. Köstlin, ebendaselbst S. 53. Vrgl. Hartmann, Über die Besiedlung des württembergischen Schwarzwalds, insbesondere des oberen Murgthals. 1893. S. 3.).

[1]) v. Inama, Deutsche Wirtschaftsgeschichte I S. 35.
[2]) Vrgl. v. Inama a. a. O. I S. 30.
[3]) Als Julianus im Jahr 359 einen Kriegszug bis in die Gegend von Hall machte, zog er durch das Gebiet des Hortarius östlich von Worms und Speier, dann verwüstete er die Gebiete des Urius, Ursicinus und Vestralpus. Amm. Marcell. 18, 2. Ch. F. Stälin, Wirtembergische Geschichte I S. 125.
[4]) Waitz, Deutsche Verfassungsgeschichte I² S. 70.
[5]) v. Inama I S. 36. 37. 92.

Die Alamannen haben bei ihrem Einbruch die römischen Kastelle zerstört[1]), und wahrscheinlich auch die sich anschließenden größeren Niederlassungen. Sie ließen sich, diese Stätten zur Wohnung meidend, außerhalb derselben nieder[2]). So ist derjenige Teil des heutigen Öhringen, der als der älteste anzusehen ist, die „Altstadt", auf dem linken Ohrnufer gelegen, also nicht auf der Stätte der rechts von der Ohrn liegenden römischen Niederlassung. Denn das Ackerland um diese Römerorte haben die Alamannen gerne besetzt. Öhringen lautet ursprünglich Oringowe. Gau bedeutete früher nichts anderes als Feld, eine zur Ansiedlung geeignete bebaute Fläche, und hat wie Mark erst im Lauf der Zeit eine Beziehung auf einen politischen Begriff angenommen[3]). Oringowe im Gegensatz zum Orinwalt (W. U. I 222, vom Jahr 1037) verdankt wohl dieser Zeit den Namen, indem es den Einwanderern ein wohlgepflegtes, zur weiteren Bebauung einladendes Ackerland geboten hat. Auch bei den andern Grenzwallkastellen stehen heute noch durchweg Städte oder größere Dörfer[4]). Von den Villen werden die Alamannen in den Kriegszeiten vor der endgültigen Eroberung des Landes die meisten zerstört haben[5]). Aber wenn auch die Bodenkultur in diesen bewegten Zeiten durch den Wechsel der Bevölkerung zunächst erheblich zurückgegangen sein mag[6]), im allgemeinen sind doch nicht nur die von den Römern angebauten Felder von den volkreichen Alamannen besetzt und weiter bearbeitet worden, sondern es hat auch noch eine Verstärkung des Anbaus in den einmal besiedelten Gegenden stattgefunden[7]). Die Art des Wohnens war freilich eine verschiedene bei den Römern und bei den Alamannen; die späteren Dörfer liegen alle nicht auf der Stätte der römischen Wohnplätze, sondern in einiger Entfernung von denselben. Ein gewisser kulturhistorischer Zusammenhang zwischen der römischen Besetzung des Landes und den auf sie folgenden alamannischen Sieblungen ist doch nicht zu leugnen[8]).

---

[1]) Im Innern des Kastells bei Murrhardt fand man Brandreste, welche auf Zerstörung durch Feuer hinweisen. Miller, Die römischen Kastelle S. 30.

[2]) Amm. Marcell. 16, 2: audiens ... civitates barbaros possidentes territoria earum habitare — nam ipsa oppida ut circumdata reiis busta declinant —; es ist von den linksrheinischen Städten die Rede.

[3]) Förstemann, Die deutschen Ortsnamen S. 63. P. F. Stälin I S. 134.

[4]) P. Druck a. a. O. S. 178.

[5]) So fand man brandgeschwärzte Ruinen in der Villa bei Rückertshausen. Keller a. a. O. S. 48.

[6]) v. Paulus, Die Altertümer in Württemberg S. 25.

[7]) Vrgl. Lamprecht, Deutsches Wirtschaftsleben im Mittelalter. 1886. I S. 157.

[8]) Vrgl. Wolff, Die Ausgrabungen bei Dortelweil. Korrespondenzblatt der Westdeutschen Zeitschrift für Geschichte und Kunst. X, 1891. S. 130.

Eine ausschließliche **Ansiedlungsform** war den Alamannen, wie auch den andern deutschen Stämmen[1]), nicht eigen. In der Regel ist die Art der Niederlassung durch die Örtlichkeit selbst entschieden worden. Während in den Ebenen meist Dörfer mit Feldgemeinschaft angelegt wurden, siedelten sich Einzelhöfe vorzugsweise in den Gebirgen an[2]). Da nun zunächst das vorhandene Ackerland von den Alamannen besetzt wurde, das fast nur im ebenen Land lag, so war jedenfalls die Ansiedlung nach Dörfern, nach Gemeinsiedlungen, weit vorherrschend[3]). Dies wird auch durch Ammian. Marc. 17, 10, 7 bezeugt, der von vici der Alamannen spricht[4]). Übrigens ist es verfehlt, diese Dörfer im schroffen Gegensatz zum Ausbau ganzer Gemeinden im Einzelhofsystem zu fassen; denn solange die Dörfer nur kleine Ansiedlungen mit einer geringen Zahl von Bauernstellen waren, ist dieser Gegensatz gar nicht so besonders ausgeprägt gewesen[5]).

Die **Wohnungen** der Alamannen waren ärmlich (Ammian. Marc. 18, 2, 15: postque saepimenta fragilium penatium inflammata . .)[6]); die Bauart war wohl der germanische Holzbau mit Fachwerk und Lehmbekleidung und mit einem Dach von Rohr oder Stroh. Schon im vierten Jahrhundert haben übrigens die Alamannen durch Nachahmung römischer Häuser Fortschritte gemacht (Amm. Marc. 17, 1, 8: . . miles . . opulentas pecore villas et frugibus rapiebat nulli parcendo extractisque captivis domicilia cuncta curatius ritu Romano construcla flammis subditis exurebat). Es ist als sicher anzunehmen, daß der später übliche steinerne Unterbau der Gebäude der römischen Baukunst entlehnt wurde[7]).

---

[1]) v. Inama I S. 45.

[2]) G. L. v. Maurer, Einleitung zur Geschichte der Mark-, Hof-, Dorf- und Stadtverfassung und der öffentlichen Gewalt. 1854. S. 10. Waitz, Deutsche Verfassungsgeschichte I² S. 108. Schröder, Lehrbuch der deutschen Rechtsgeschichte. 1889. S. 12. 13.

[3]) Waitz a. a. O. II² S. 309. Bohnenberger, Die Ortsnamen des schwäbischen Albgebiets nach ihrer Bedeutung für die Besiedlungsgeschichte. Württ. Vierteljh. IX 1886. S. 17. 18. Anders Ch. F. Stälin I S. 157 und nach ihm v. Inama I S. 46.

[4]) rex cum multiplices legiones vicorumque reliquias cerneret ambustorum . . . — vicus ist ein Ort mit zusammenliegenden Wohnplätzen. Waitz I² S. 110. Anm. 2.

[5]) v. Inama I S. 397. Lamprecht, D. W.L. I² S. 7.

[6]) Hieher ist wohl auch zu ziehen Ennodius, Paneg. Theoderico dictus, p. 281, wo von dem Alamannenvolk gesagt ist: Ulvis liberata gratulatur, terram incolens, quae hactenus dehiscentibus domiciliis solidiori schoeni emergebat beneficio. Vrgl. Ch. F. Stälin I S. 155.

[7]) Jahn, Die Geschichte der Burgundionen und Burgundiens. 1874. I S. 196.

Die Hauptbetriebe der Alamannen sind jedenfalls **Viehzucht**[1]) und **Ackerbau**[2]) gewesen.

Am Ende des dritten Jahrhunderts mag es einem andern deutschen Stamme, den **Burgundionen**, gelungen sein, nach mehrfachen Kämpfen mit den Alamannen in der Gegend zwischen dem Main und Kocher bis an den Grenzwall hin sich seßhaft zu machen (vrgl. Mamertinus Genethl. Maximiniano — vom Jahr 291 — c. 17: Burgundiones Alamannorum agros occupavere, sed sua quoque clade quaesitos, Alamanni terras amisere, sed repetunt). Sie sind während des ganzen vierten Jahrhunderts im Rücken der Alamannen sitzen geblieben[3]). Als Julianus im Jahr 359 das östlich von Speier liegende alamannische Land durchzogen hatte, kam er zuletzt ad regionem cui capellatii vel palas nomen est, ubi terminales lapides Alamannorum et Burgundionum confinia distinguebant, wo er ein Lager schlug (Ammian. Marc. 18, 2, 15). Palas ist, wie man jetzt allgemein annimmt, die Gegend des römischen Grenzwalls, der noch heutzutage bei den Anwohnern Pfahl oder Pfahlgraben heißt[4]), und auch in capellatium sieht man eine altdeutsche wieder palas enthaltende Bildung[5]); die Benennung Pfahl stammt nicht vom Lateinischen und muß germanischen Ursprungs sein[6]). Da Amm. Marcellin. 28, 5, 11 berichtet: [Burgundii] salinarum finiumque causa Alamannis saepe iurgabant, so wird höchst wahrscheinlich, daß die Burgundionen um das Jahr 370 in der Kochergegend bei Schwäbisch=Hall, dieser Stätte alter Kultur, an die Alamannen grenzten[7]).

---

[1]) Vrgl. Cassiodor. Var. 3, 40: Alamannorum boves, qui videntur pretiosiores propter corporis granditatem.

[2]) Ennobius a. oben a. O.: Alamanniae generalitas ... sic adepta est soli nostri opulentiam. Adquisistis quae noverit ligonibus tollns adquiescere .. gratulatur terram incolens ... Vrgl. Ch. F. Stälin 1 S. 156. P. F. Stälin 1 S. 69.

[3]) Jahn a. a. O. 1 S. 47. 48.

[4]) Jahn I S. 49. 50.

[5]) Ch. F. Stälin I S. 128. Grimm, Geschichte der deutschen Sprache S. 488.

[6]) Mommsen V, S. 141 Anm. 1. Die Benennung regio cui capellatii vel palas nomen est ist wohl absichtlich von Ammianus vorgezogen worden, als ob den Römern damals schon jede Erinnerung an ihren einstigen Besitz des Landes geschwunden gewesen wäre. E. Christ, Zur Geschichte des römischen Dekumatenlandes a. a. O. S. 567.

[7]) Jahn I S. 50. 52. Die Bestimmung, daß die Burgunder bis an den einstigen Grenzwall ihre Sitze genommen, findet auch einen Beleg in der an und für sich sagenhaften Ableitung ihres Namens von den Burgen der Römer (Ch. F. Stälin I S. 122. Orosius 7, 32: hos quondam subacta interiore Germania a Druso et Tiberio ..

Die **Verfassung der Burgunder**, eines an waffenfähiger Mannschaft reichen Volkes (Ammian. Marc. 28, 5, 9), war der der Alamannen und Franken ähnlich, da ursprünglich auch bei ihnen eine Mehrzahl von Fürsten oder Königen je einer der verschiedenen Stammesabteilungen vorstand[1]). Die Art und Weise der **Ansiedlung und Ackerbebauung** hat man sich ebenfalls so zu denken, wie sie in dieser Zeit bei den Alamannen und den übrigen deutschen Stämmen war. Wenigstens zeigt ihr späteres Volksrecht noch Spuren eines Zusammenhangs zwischen den Geschlechtern und der Landverteilung: es wird der Faramannen, vielleicht auch der Fara in Beziehung auf Land, das sie in den eingenommenen römischen Gebieten in Anspruch nehmen, gedacht (Lex Burgand. LIV, 2, 3. CVII, 11). Fara aber bedeutet Geschlecht[2]). Ebenso scheint ihnen, aus ihren späteren Sitzen in Gallien zu schließen, eine besondere Ansiedlungsweise, entweder nach Dörfern oder Einzelhöfen, nicht eigentümlich gewesen zu sein[3]), wie das auch bei den übrigen Deutschen der Fall ist.

Im Jahr 413 haben die Burgunder von den Römern einen an den Rhein grenzenden Teil Galliens eingeräumt erhalten und haben ihre seitherigen Wohnsitze verlassen. Ein Teil mag sich auch auf dem rechten Rheinufer östlich von Worms niedergelassen haben[4]). Die Burgunder sind dadurch in das Verhältnis römischer Unterthanen getreten, und wurden in diesem Verhältnis als nicht zuverlässig im Jahr 443 in die Sapaudia, ihre letzten Sitze, versetzt[5]). Die verlassenen Ackerfluren des einstigen Burgunderlandes haben jedenfalls zum Teil die Alamannen besetzt.

---

per castra dispositos in magnum coaluisse gentem atque ita etiam nomen ex opere praesumpsisse, quia crebra per limitem habitacula constituta burgos vulgo vocant). In einem zwischen den Kastellen zu Schloßau und Hesselbach aufgedeckten Wachtturm hat sich eine Weihinschrift gefunden, welche die Truppe, die ihn baute, gesetzt hat ob burgum explic(itum). Diese Türme am Grenzwall haben also burgi geheißen (Korrespondenzblatt der Westdeutschen Zeitschr. f. Gesch. und Kunst vom 1. Juli 1884. Mommsen V, S. 141. Anm. 2). Im vierten Jahrhundert, als ein friedliches Verhältnis zwischen den Burgundern und Römern eingetreten war, wurde das Märchen von der römischen Abstammung der ersteren, wie es scheint, von Römern und Burgundern geglaubt (Jahn I S. 12. 57).

[1]) Jahn I S. 79. 80.
[2]) Waitz, V.G. I⁸ S. 76.
[3]) Jahn I S. 195.
[4]) Jahn I S. 310. 315. 318. 331. — Prosper Aquitanus: Luciano V. C. cons. — Burgundiones partem Galliae propinquam Rheno obtinuerunt.
[5]) Jahn I S. 380.

Die Kriege zwischen den Burgundern und Alamannen, die Verwüstungen der römischen Heere, der Wechsel der Bevölkerung konnten nur einen hemmenden Einfluß auf den Fortschritt der Kultur haben. Wir müssen von diesen ungünstigen Umständen unsere Gegend wesentlich getroffen annehmen.

Gegen Ende des fünften Jahrhunderts kamen die Alamannen mit den Franken in Streit, der mit dem Sieg der Franken endigte[1]. Nach der entscheidenden Schlacht wurden die Alamannen aus ihren nördlichen Sitzen vertrieben[2]. Der Rest des Stammes begab sich in den Schutz Theoderichs und erhielt von ihm römisches Gebiet im Süden zur Ansiedlung (Cassiodor. Variar. 2, 41; Ennodius, Paneg. Theoderico dictus; Agathias I, 6)[3]. Ein Teil der nördlichen Alamannen, der geflohen war (wohl hauptsächlich die Edlen des Volks), scheint sich nach Jahren wieder in seine früheren Sitze zurückbegeben zu haben[4]. Wahrscheinlich im Jahr 536 trat König Vitiges die Oberhoheit über das übrige alamannische Volk an den Frankenkönig Theudebert ab (Agathias I, 6)[5].

Man hat längst bemerkt, daß derjenige Teil von Württemberg, der zum nachherigen Speyrer, Wormser und Würzburger Sprengel gehörte, fränkisch geworden ist, der spätere Konstanzer und Augsburger Sprengel dagegen schwäbisch blieb[6]. In unserem Landstrich zog sich also die Grenze südlich von den Städten Marbach, Murrhardt, Gaildorf und Crailsheim hin[7]. Diese Grenze wird diesseits des römischen Grenzwalls durch die von Poppenweiler nach Walbrems führende Römerstraße gebildet, dann durch jene alte Straße, die über den Mönchhof und Rothenhar bis an den Kocher bei Laufen geht und noch jenseits des Kocherthals sich weiter erstreckt[8]. Diese feste Grenze leitet zu der Vermutung, daß

---

[1]) Vgl. v. Schubert, Die Unterwerfung der Alamannen unter die Franken. 1884.

[2]) Die Ansicht von Waitz, D.G. II² S. 66 ff., der mehrere Forscher gefolgt sind, daß Chlodwig ganz Alamannien unterworfen und den Alamannen ein Drittel ihres Landes abgenommen hätte, ist nicht haltbar. H. v. Schubert a. a. O. S. 191 ff.

[3]) Vgl. Baumann, Die Alamannische Niederlassung in Schwaben und Neuburg: Zeitschr. d. hist. Ver. f. Schwaben und Neuburg II. 172 ff.

[4]) Fredegar Chron. IV 21: Alamanni — novem annis exules a sedibus eorum nec ullam potuerunt gentem comperire, quae eis contra Francos auxiliaret, tandem se in ditionem Chlodovei tradunt. Vgl. Stein, Geschichte Frankens II. 1886. S. 207.

[5]) Ch. F. Stälin I S. 152.

[6]) Ch. F. Stälin I S. 150.

[7]) Vgl. Baumann, Die Gaugrafschaften im wirtembergischen Schwaben. 1879. S. 113. 98. 92.

[8]) Vgl. über diese Straße die Oberamtsbeschreibung von Ellwangen S. 323. Meist wird in dieser Gegend fälschlich der Staigersbach als Grenze zwischen Franken

sie durch einen (wohl zwischen Chlodwig und Theoderich geschlossenen)[1] Vertrag festgesetzt worden ist. Möglich ist, daß diese Grenzen schon vorher die Grenzmarken alamannischer Gaue gewesen sind[2]). Die Grenze zieht schräg von Südwesten nach Nordosten. Der Grund liegt nicht am wenigsten in der Bodenbeschaffenheit und dem daraus folgenden verschiedenen Grad der Bebauung. Im Osten geht das fränkische Land noch einige Stunden südlich in das Bergland hinein; die stärker kultivierten Gegenden am Neckar wie am Rhein waren von den Franken mehr begehrt[3]).

Welches sind nun die Ansiedlungen der damaligen Bewohner unseres Landstrichs gewesen?

Nach den Untersuchungen Arnolds[4]) sollte es leicht sein, an den Grundwörtern der Ortsnamen die alamannischen Siedlungen von den späteren fränkischen zu unterscheiden. Nach Arnold sind die Endungen -weiler, -ach, -bronn, -beuren, -stetten, -felden, -bergen und -wang charakteristisch für die Alamannen, während die auf -bach, -statt, -berg, -selb, -dorf, -heim und -hausen von den Franken herrühren. Auch die Ortsnamen -ingen und -hofen seien, wenigstens wo sie häufiger beisammen stehen, alamannischen Ursprungs. Alle diese Grundwörter sollen, wo sie in größerer Anzahl vorkommen, einen sicheren Schluß auf den Umfang und die Grenzen der früheren Wohnsitze eines Stammes gestatten. Man dürfte also nur die Ortsnamen unserer Gegend nach diesen Gesichtspunkten abteilen, um wenigstens im allgemeinen die Siedlungen nach ihrer alamannischen oder fränkischen Entstehung unterscheiden zu können.

Aber gegen diese Aufstellungen Arnolds erheben sich schwere Be-

---

und Alamannien angegeben, wobei eine Stelle in der Beschreibung des Murrhardter Bannforstes (W. U. I 219 vom Jahr 1027) unrichtig verstanden wird: et per ascensum eius Steigirisbach, et sie per confinia Francorum et Suevorum usque ad supradictum fontem Wisilaffa ... — Zur Festsetzung der weiteren Grenze mag der weithin sichtbare Hohenberg benützt worden sein, wie in der Neckargegend der Asberg und der Lemberg.

[1]) Anders Arnold, Ansiedlungen und Wanderungen u. s. w. S. 211, und Bohnenberger a. a. O. S. 16, der es für wahrscheinlich hält, daß die Franken ursprünglich einige Stunden weiter südlich reichten, die Alamannen aber vor dem endgültigen Festwerden der Grenze zwischen 507 und 536 sich wieder langsam nach Norden vorgeschoben hätten.

[2]) Vrgl. dazu v. Inama I S. 30.

[3]) Doch wurde ein Stück des damals noch unbewohnten Schwarzwalds zum fränkischen Reich gezogen.

[4]) Arnold, Ansiedlungen und Wanderungen deutscher Stämme. S. 163. 165. 177.

denken, die zum Teil schon von andern hervorgehoben sind¹). Lamprecht²) hält -ingen und -heim, wenigstens soweit sie das Moselland betreffen, für die einzigen Endungen, aus denen für die Epoche der germanischen Besiedlung überhaupt Folgerungen gezogen werden können, und zwar schreibt er -heim vorwiegend fränkischen, -ingen vorwiegend alamannischen Charakter zu. Bohnenberger³) hat aus den Ortsnamen des Albgebiets nachgewiesen, daß die Endungen -bach, -berg, -feld, -dorf und -hausen ebensowohl bei den Alamannen wie bei den Franken vorkommen, so in jenem Gebiet 27 -bach neben 16 -ach, 80 -hausen neben 21 -hofen, 8 -feld neben 4 -felden, 38 -berg und kein -bergen vorkommen und sich Ortsnamen auf -dorf noch weit nach Süden erstrecken. Für -heim aber hält er fränkischen Ursprung fest, indem er aus der Verteilung dieser Ortsnamen nach Gruppen schließt, die zahlreichen Sieblungen auf -heim im Albgebiet rühren von einer fränkischen Einwanderung des 6. Jahrhunderts her. Aber von einer solchen Einwanderung wissen wir nichts, und sie ist auch ganz unwahrscheinlich.

Diese Grundwörter können überhaupt nicht, wie es Arnold auf die Anregung Förstemanns⁴) versucht hat, und wie es seither festgehalten worden ist, nach Stämmen geschieden werden. Arnold⁵) geht davon aus, daß „jeder Stamm seine besonderen Namen mitbrachte, und nur ein verhältnismäßig kleiner Teil gemeinschaftlich" sei, daß also die Verschiedenheit nach Förstemanns Ausdruck „in dialektischen Verhältnissen" liege. Das widerstreitet allem, was wir sonst wissen. Gewiß mit Recht geht Grimm⁶) für die richtige Beurteilung der Dialekte von dem aus der Geschichte der Sprache geschöpften und in der Natur ihrer Spaltung begründeten Satz aus: „Alle Mundarten und Dialekte entfalten sich vorschreitend, und je weiter man in der Sprache zurückschaut, desto geringer ist ihre Zahl, desto schwächer ausgeprägt sind sie. Ohne diese Annahme würde überhaupt der Ursprung der Dialekte wie die Vielheit der Sprachen unbegreiflich sein. Alle Mannigfaltigkeit ist allmählich aus einer Einheit entsprossen."

---

¹) S. besonders Scherer in der Rezension über das Buch Arnolds, Jenaer Litteraturzeitung III 1876. S. 474. 475. Lamprecht, Fränkische Wanderungen und Ansiedlungen vornehmlich im Rheinland: Zeitschrift des Aachener Geschichtsvereins. 1882. 4, 189 ff. Bohnenberger a. a. O.
²) S. auch D. W.L. I 1 S. 154.
³) a. a. O. S. 20—21. Vergl. nun auch: Hartmann, Die Besiedlung Württembergs. Württ. Neujahrsblätter XI. 1894, S. 18.
⁴) Förstemann, Die deutschen Ortsnamen S. 264.
⁵) Ansiedlungen u. s. w. S. 174.
⁶) Geschichte der Sprache³ S. 578.

Überhaupt aber bleiben nach Paul[1] „das eigentlich charakteristische Moment in der dialektischen Gliederung eines zusammenhängenden Gebiets immer die Lautverhältnisse ... Am wenigsten ist der Wortschatz und seine Verwendung charakteristisch. Hier finden am meisten Übertragungen aus einer Mundart in die andere wie aus einer Sprache in die andere statt. Hier giebt es mehr individuelle Verschiedenheiten als in irgend einer andern Hinsicht. Hier kann es auch Unterschiede geben, die mit den Mundarten eigentlich gar nichts zu thun haben und diese durchkreuzen." Gewiß ist zuzugeben, daß jeder deutschen Stammesmundart eine große Anzahl von Wörtern eigentümlich ist, und daß sich dies auch in manchen Ortsnamen zeigt; aber Wörter wie -bach, -berg, -feld, -dorf, -heim, -haus, -hof, -burg, ferner die Endung -ing sind jedenfalls urdeutsch und allen Stämmen in gleicher Weise eigen; die meisten sind auch schon aus den ersten Jahrhunderten unserer Zeitrechnung belegt[2]).

Die unbestrittene Thatsache aber, daß bei einem Volksstamm gewisse Grundwörter besonders häufig auftreten, wie bei den Alamannen -ingen und -weiler, hat meist ihre besonderen in der Geschichte des Volkes liegenden Gründe. Was die Wissenschaft scheinbar verliert, wenn sie jene Ergebnisse Arnolds als unrichtig aufgeben muß, kann sie auf der andern Seite wieder gewinnen, indem sie die Grundwörter genauer nach Ursprung und Bedeutung zu unterscheiden und für die Kulturgeschichte des Landes und Volkes zu verwerten sucht.

Auf die römische Kultur geht die Endung -weiler zurück, die Arnold[3]) als untrügliches Kennzeichen für alamannischen Ursprung ansieht. Ahd. wîla und wîlari weisen uns auf das römische villa, den Namen jener ländlichen Gehöfte der Römer, hin. Das Lehnwort bestätigt den Zusammenhang zwischen römischer und deutscher Besiedlung, zumal da sich an manchen Orten auf -weiler römischer Anbau nachweisen läßt[4]). Wenn die Grundwörter auf -weiler im alamannischen Gebiet besonders häufig sind, so erklärt sich dies daraus, daß die Alamannen früher römischen Boden in Besitz genommen haben. Das Wort konnte von jedem Stamm ebensowohl beibehalten werden, wie von den Alamannen[5]). Die Alamannen behielten die Namen zunächst für

---
[1]) Prinzipien der deutschen Sprachgeschichte S. 242.
[2]) Waitz, V.G. 1³ S. 110. Anm. 3. Förstemann, Die deutschen Ortsnamen S. 294.
[3]) S. 164.
[4]) Korrespondenzblatt der Westdeutschen Zeitschrift für Geschichte und Kunst. X 1891. S. 130.
[5]) Scherer a. a. O. S. 475. A. Birlinger, Die hohenzollerischen Orts-

die Überbleibsel jener römischen Gehöfte bei, wahrscheinlich auch dann, wenn sie, was vorgekommen ist, die römische Ansiedlung zur Wohnung benützten oder auf den Ruinen ihre Häuser aufbauten. Das Wort ist dann wohl bald auf diejenigen Ansiedlungen der Alamannen übergegangen, in welchen die Häuser sorgfältiger nach römischer Sitte, d. h. mit einem steinernen Unterbau, gebaut, oder in welchen die Gebäude nach dem Vorbild der Römer besser angeordnet, die Wirtschaftsgebäude von der Wohnung getrennt waren; und so mag sich die Bezeichnung allmählich ausgedehnt haben. Die meisten Orte auf -weiler sind übrigens erst späteren Ursprungs. In unserem Landstrich verdanken jedenfalls die Orte jenseits des römischen Grenzwalls ihre Entstehung erst späterer Ansiedlung [1]) und sind auch alle unbedeutend geblieben. Auch in dem Gebiet diesseits des Walls mag einzig in alte Zeit hinaufgehen Oppenweiler an der Murr (Oppiwiler 1114. W. U. I 269), das einzige Kirchdorf unseres Landstrichs auf -weiler, das zudem an einer Römerstraße liegt, und in dessen Nähe auch Reihengräber gefunden wurden.

Eine der häufigsten Ortsnamenendungen im späteren Alamannien ist die auf -ingen; sie geht übrigens durch ganz Deutschland mit der Bedeutung des Abstammens, Zugehörens [2]). Da die ersten Ansiedlungen von den Geschlechtern ausgegangen sind, so lag es sehr nahe, die Ansiedlung selbst nach dem Geschlechte zu benennen [3]). Daß die Genossen eines Geschlechts beisammen wohnen bleiben, wie sie auf der Wanderung des Volks zusammenhielten, das findet sich bei allen Germanen, und daher finden sich auch bei allen Geschlechtsnamen als Ortsnamen [4]). Man darf diese Ansiedlungen zum großen Teil als bei der ersten Niederlassung im Land angelegt ansehen [5]). — Aber warum sind die Namen auf -ingen in Alamannien häufiger als bei den andern deutschen Stämmen? Man darf annehmen, daß bei den Alamannen zur Zeit ihrer Einwanderung ins Land die natürliche Gliederung des Volkes nach Geschlechtern, welche in der Wanderzeit die Heeresordnung bestimmt hatte, besonders ausgeprägt war, und daß diese noch lange nach der festen Ansiedlung des Volkes ihre Bedeutung behielt, länger als bei allen andern deutschen Stämmen [6]),

---

Flur- und Waldnamen. Alamannia, Ztschr. f. Sprache, Litteratur und Volkskunde des Elsaß, Oberrheins und Schwabens. VI 1878. S. 28.

[1]) S. u. S. 76.
[2]) Birlinger a. a. O. S. 5.
[3]) Maurer a. a. O. S. 265. Waitz I³ S. 79.
[4]) Scherer a. a. O. S. 475.
[5]) Vrgl. auch Bohnenberger a. a. O. S. 24.
[6]) Vrgl. dazu v. Inama I S. 74.

daß also auch noch Ansieblungen, die eine ziemliche Zeit nach der Einwanderung angelegt wurden, die Endung =ingen erhielten. Im alamannischen Volksrecht sind die wenigen Stellen, welche die Markgenossenschaft berühren, von Geschlechtsbesitz oder Geschlechtsgemarkung zu verstehen; und zwar ist nicht bloß von irgend welchem Einzelbesitz der engeren Familie die Rede, sondern von festen territorialen Verbänden[1]) (Lex Alam. tit. 45, 2: die Verwandten, welche einen Erschlagenen rächen wollen, die pares mittunt in vicinio et congregant pares. — tit. 87: Si qua contentio orta fuerit inter duas genealogias de termino terrae eorum, et unus dicit: Hic est noster terminus, alius revadit in alium locum et dicit: Hic est noster terminus, ibi praesente sit homo de plebe illa, ponat signum). Das Geschlecht ist zugleich die Markgenossenschaft. Die Stelle über einen Rechtsstreit wegen Grundbesitz hat eine merkwürdige Parallele im bajuwarischen Volksrecht[2]) (Lex Bajuv. XII 8: Quotiens de commarchanis contentio nascitur, ... et iste dicit: Hucusque antecessores mei tenuerunt et in alodem mihi reliquerunt ...). Wo im alamannischen Rechte noch die Geschlechter (genealogiae) den Streit über die Grenzen eines Grundstücks führen, sind es im bajuwarischen die Nachbarn (commarchani). Die Lex Alamannorum ist im ersten Viertel, die Lex Baiwariorum um die Mitte des 8. Jahrhunderts aufgezeichnet worden; die Stelle des alamannischen Volksrechts hat dem bajuwarischen zum Muster gedient[3]). Schwaben und Bayern haben die meisten Ortsnamen auf =ingen (in Bayern später =ing). Aus jenen Stellen geht hervor, daß sich der Familienzusammenhang bei den Alamannen noch länger erhalten hat[4]) als bei den Bayern. So ist es wohl erklärlich, wenn sich bei den Alamannen viel mehr Orte auf =ingen finden als in Bayern und vollends als im übrigen Deutschland.

Auch =heim war bei allen deutschen Stämmen gebräuchlich und ist wohl gleichen Alters wie =ingen[5]). Doch scheint die Namengebung mit =heim länger üblich geblieben zu sein, da =ingen nur, solange noch die Ansiedlung nach Geschlechtern vor sich ging, möglich war, =heim aber noch länger verwandt werden konnte. =heim ist nach Förstemann S. 97

---

[1]) v. Inama I S. 74, siehe auch Waitz I² S. 76.

[2]) v. Inama I S. 99.

[3]) Schröder, Lehrbuch der deutschen Rechtsgeschichte 1889. S. 201, Anm. 1. S. 234. 235.

[4]) Mit dieser Thatsache mag zusammenhängen, daß die in Schröders Sachregister zu Grimms Weistümern S. 211 unter „Erbrecht der Nachbarn" angeführten Stellen ausschließlich alamannisch sind. Vgl. Schröder, Die Ausbreitung der salischen Franken. Forschungen XIX. S. 144. Anm. 7.

[5]) Vgl. Lamprecht D. W.L. I 1 S. 154.

„das allgemeinste Wort für Gruppen von Bauwerken, in welchen die Menschen zu geselligem und schützendem Zusammenwohnen sich vereinigten, das zugleich dem Begriff des einzelnen Hauses noch am nächsten steht." Im Worte selber liegt also nicht, ob eine Einzelsiedlung oder ein Dorf damit benannt ist[1]), und darum mochte diese Endung für die ältesten Sieblungen besonders passend sein. Nun liegen aber die Orte auf =heim am häufigsten auf altem Kulturboden, in fruchtbaren Flußthälern mit ihren leicht zugänglichen Nebenthälern, in der Ebene, während sie im rauhen Bergland fehlen. In jenen Gegenden sind aber die Ansieblungen meistens keine Einzelhöfe, sondern Dörfer gewesen. Mit dem Fortschreiten der Zeit wuchsen fast alle diese alten Niederlassungen auf =heim zu größeren Dörfern heran, und so verband man mit einem Ortsnamen auf =heim allmählich den Sinn einer bedeutenderen Niederlassung, so daß es jedenfalls für Einzelhöfe nicht mehr passend erschien[2]).

Sichere Kennzeichen für die Unterscheidung alamannischer und fränkischer Sieblungen bleiben uns also nicht. Zu den ältesten deutschen Niederlassungen in unserem Landstrich gehören jedenfalls die Orte auf =ingen und =heim. Unter den 29 Ortsnamen mit Grundwörtern, welche urkundlich in unserem Bezirk bis zum Jahr 810 genannt werden, sind 8 auf =ingen, 5 auf =heim. Vielleicht sind aber doch weitaus die meisten Orte mit der Endung =ingen alamannischen Ursprungs; denn die Ansieblung der Alamannen ging geschlechterweise vor sich, ob aber später auch die der Franken, ist sehr fraglich. Die (ziemlich zahlreicheren) Orte auf =heim mögen zum guten Teil auch noch der Alamannenzeit angehören. Mit einiger Sicherheit wird man als ältere und wohl alamannische Sieblungen auf =heim diejenigen betrachten dürfen, welche in der Mitte ein =ing haben, da hier jedenfalls noch die Ansieblung nach Geschlechtern erfolgte[3]). Daß aber überhaupt die Namen auf =heim in unserer Gegend

---

[1]) =heim halten als charakteristisch für Einzelsieblungen Graff, Altdeutscher Sprachschatz IV S. 946. Waitz, Das alte Recht der salischen Franken S. 53. v. Inama I S. 43; für größere Niederlassungen Birlinger a. a. O. S. 25.

[2]) Orte auf =heim, die Höfe blieben oder zu Höfen oder Weilern herabsanken, änderten darum zum Teil ihren Namen: so die Willenheimer marca 804 (S. L. 2469), jetzt Willenbach, Gemeinde Obheim, Oberamts Neckarsulm; Blindheim 1429, jetzt Blindhof bei Rechenberg; Surheim, jetzt Saurach bei Triensbach, beide im Oberamt Crailsheim.

[3]) Nach Förstemann a. a. O. S. 178 gehen von 448 deutschen Namen mit =ing in der Mitte, die vor 1100 genannt werden, „147 auf =hof, 106 auf =heim, 78 auf =hus, 52 auf =dorf, 34 auf =robe aus; unter den übrigen, nur 31, befinden sich mehrere auf =wilari, =burg u. s. w., so daß Namen auf =thal, =berg, =wald, =bruch hier entweder zu den äußersten Seltenheiten gehören oder gar nicht vorkommen." „Von 310

zum Teil ebenso alt sind als die auf =ingen, läßt sich daraus schließen, daß im Neckarland, also in einem Strich alter Ansiedlungen, =heim, besonders aber =incheim, häufiger vorkommt als die Endung =ingen. Daß man aber =ingen und incheim überhaupt nicht so scharf trennen darf, das zeigt das Vorkommen von beiden Formen für dieselben Orte: so steht Bettinger marca 771 (C. L. 2416) neben Bettingheim 799 (C. L. 2458), Böttingen, Oberamts Neckarsulm; ferner Wacheliucheimere marca 787 (C. L. 13) neben Uuachalinga 779 (W. U. II S. 436), *Wächlingen bei Ohrnberg, und Wulvincheimer marca 799 (C. L. 3463) neben Uulfinga 779 (W. U. II S. 436), *Wülfingen bei Forchtenberg¹).

Die Markungen der Orte auf =ingen und =heim sind fast durchweg ausgedehnt oder wenigstens mittelgroß. Beide Grundwörter kommen hauptsächlich an den Flüssen und in deren Nähe, also in den am frühsten besiedelten Gegenden vor. Man darf annehmen, daß bei sonst gleichen Bodenbedingungen die Gegend des Unterlaufs der Flüsse im allgemeinen früher und stärker besiedelt wurde, und so begegnen uns am Unterlauf des Kochers und der Jagst =ingen und =heim häufig; flußaufwärts aber hören die Namen auf =ingen früher auf als die auf =heim, woraus man auch schließen darf, daß die Namengebung auf =heim noch andauerte, als man die Orte nicht mehr auf =ingen benannte.

Ortsnamen auf =incheim sind im württembergischen Franken rechts vom Neckar nur Gamertincheim (12. Jahrhundert, W. U. II S. 392²), Gemmrigheim, Oberamts Besigheim, wahrscheinlich auch Hepphinkeim (996, W. U. VI S. 433), Höpfigheim, Oberamts Marbach³), und vielleicht im Seedachthale Roydem (1239, W. U. VI S. 434), Roigheim, Oberamts Neckarsulm.

Die Orte auf =ingen sind: In der Nähe des Neckars auf der rechten Seite nur die Bettinger marca 771, Böttingen; Utzingen, jetzt

---

alten Namen auf =hof gehen 147, also fast die Hälfte auf inga=hof aus." — Diese Namen mit =ing= in der Mitte gehörten gewiß zu den ältesten Ortsnamen.
¹) Auch Sulmana (Neckarsulm) wird in einer Urkunde vom Jahr 791 (C. L. 2779, Bossert 238) Sulmanerheim genannt.
²) Wahrscheinlich das bei Dronke, Trad. et Antiqu. Fuld. 4, 125 genannte Kamerbinge.
³) Am Neckar und in dessen Nähe um Besigheim giebt es besonders viele Namen auf =incheim. Die nachstehenden liegen links vom Neckar in der Ebene zwischen dem Stromberg und dem Fluß: Bunnincheim (793, C. L. 3522), Bönnigheim; Eruincheim (793, C. L. 3522), Erligheim; Luochenkeim (1147, W. U. II, 324), Löchgau; Basincheim (1153, W. U. II, 335), Besigheim; Budincheim (789, C. L. 2392), Bietigheim, sämtliche im Oberamt Besigheim; ferner Gisingheim (836, C. L. 3504), Geisingen und Gruonincheim (806, C. L. 2461), Neckargröningen im Oberamt Ludwigsburg.

der Itzinger Hof bei Schloß Liebenstein, Gemeinde Neckarwestheim, Oberamts Besigheim; Wihingen 1291, Neckarweihingen, Oberamts Ludwigsburg. Das Jagstthal hat folgende Orte auf =ingen flußaufwärts: Siginingen (Dr. 4, 56), Siglingen; Zutilingen (Dr. 4, 13), Züttlingen; (Oberamts Neckarsulm). Berelahinga (800, C. L. 3478), Berlichingen; Biringen (800, C. L. 3478), Bieringen; Abalringin (1054, W. U. I 229), Ailringen; Mulvingen (ca. 1095, Comb. Sch. B. 7, W. U. I S. 396), Mulfingen; (Oberamts Künzelsau). Rechts von der Jagst Bruchtlingen, jetzt Brüchlingen, Gemeinde Billingsbach. Bechelingen (1236, W. U. IV S. 400), Bächlingen; (Oberamts Gerabronn); Grüningen an der Gronach rechts über der Jagst (wahrscheinlich Dr. 4, 7 Gruningen), Oberamts Crailsheim. Am Kocher und in dessen Nähe liegen: Degmaringen (1319), Degmarn, Oberamts Neckarsulm; Magelingunin marca (788, C. L. 13), Möglingen; im Brettachthal *Odolbinga (797 C. L. 3537)¹) und Butinga (848, C. L. 3618), Langenbeutingen; ferner *Boningen (im Öhringer Obleybuch), Flur Banigen bei Eichach, Gemeinde Zweiflingen²); *Uachalinga 779: am Kocher Sinberingun (1037, W. U. I 222), Sinbringen; links über der Sall Zwivelingen (1231, W. U. III 791), Zweiflingen; *Uulfinga 779 (Oberamts Öhringen). Ingiluingen (1079, W. U. I S. 392), Ingelfingen; Thetingen (1225, W. U. III 690), Döttingen am Kocher; (Oberamts Künzelsau). Links über dem Kocherthal bei Döttingen liegt Rüblingen, Oberamts Öhringen. Am Einfluß der Bühler liegt Geislingen; am Kocher ferner Nensilingen (1095, W. U. I S. 397), Enslingen; Geilwingen (1339), Gelbingen (Oberamts Hall). Brezzingen (1037, W. U. I 222), Bretzingen rechts über dem Kocherthal, und Bröckingen am Kocher, Gemeinde Unterroth (Oberamts Gaildorf). Südlich vom Murrthal liegt Huningen (1134, W. U. I 302), Heiningen, Oberamts Backnang. Im Tauberthal: Uotelfingen (1207, W. U. II 638), Edelfingen, (im Bayrischen Notingin — 1215, W. U. III 576 — Röttingen), Chregelingen (1045, W. U. I 226) Creglingen; südlich vom Tauberthal Odinga (807 W. U. I 62), Uttingshof, Gemeinde Althausen; nördlich Sumeringen (1243, W. U. IV 996) im Gäu beim Beginn des Grundelbachthales; (Oberamts Mergentheim)³).

¹) *Odolbinga lag nach der Urkunde wahrscheinlich im Brettachgau. Es ist wohl das 976 (W. U. I 190) genannte Udilingun; ebenso das im Komburger Schenkungsbuch b (W. U. I S. 394) genannte predium Uothelingen und das Uodelinen im W. U. IV S. 341. (Es ist aber wohl nicht identisch mit dem oben genannten Zutilingen, wie Bossert in den Württ. Vjh. XII S. 136 meint.)

²) Vielleicht das 779 (W. U. II S. 436) genannte Bunninga. Bossert, Württ. Vjh. X 1887. S. 59.

³) Bei den Flurnamen auf =ingen ist stets unsicher, ob die Endung nicht erst

Es sind 33 Orte auf -ingen, von denen 21 in den Flußthälern des Neckars, der Jagst, des Kochers und der Tauber liegen, ein Zeugnis für das hohe Alter und das frühe Aufhören dieser Namengebung. Auf römischem Kulturboden, soweit er uns bekannt ist, wurden angelegt Neckarweihingen, Gemmrigheim und Roigheim; ferner fanden sich römische Überreste in der Gegend von Siglingen, Züttlingen, Möglingen und Sindringen. Man darf daraus den Schluß ziehen, daß mit der alamannischen Einwanderung immerhin manche Örtlichkeit auch diesseits vom Limes frisch in Kulturarbeit genommen wurde.

Die Alamannen haben besonders die Flußthäler und die diesen zunächst gelegenen Striche besetzt. Es wird ferner durch die angeführten Ortsnamen auf -incheim und -ingen bestätigt, daß sie den westlichen früher römischen Teil stärker besiedelten als den Osten des württembergischen Frankens.

Der vorkarolingischen Zeit einschließlich der alamannischen aber sind nun die Orte auf -heim zuzuweisen', ferner diejenigen Orte, bei welchen Reihengräber gefunden wurden [1]). Es sind in der Neckargegend: Böttingen, Gundelsheim, Jagstfeld (Oberamts Neckarsulm); Horkheim = Flein (Oberamts Heilbronn), Neckarwestheim, Gemmrigheim, Hessigheim (Oberamts Besigheim), Ottmarsheim, Pleidelsheim (Oberamts Marbach); in der Nähe der Jagst Untergriesheim (Oberamts Neckarsulm), Möckmühl und Crailsheim-Ingersheim-Wittau, wo ein besonders reiches Gräberfeld entdeckt wurde; in der Nähe des Kochers Hagenbach und Obheim (Oberamts Neckarsulm); an Nebenflüssen des Kochers: Bitzfeld an der Brettach, Michelfeld östlich von Hall an der Biber. An der Murr Marbach, Murr, Rielingshausen, Kirchberg (Oberamts Marbach), Zell und Oppenweiler, ferner Murrhardt (Oberamts Backnang); ziemlich nördlich vom Murrthal Kleinaspach. An der Tauber: Edelfingen. Daß diese Ansiedlungen zum Teil schon der Zeit der Alamannen angehören, dafür spricht der Umstand, daß man in der Nähe von 13 unter diesen 25 Orten römischen Anbau nachgewiesen hat; man darf annehmen, daß die Einwanderer die vorhandenen Ackerlandsflächen zuerst in Besitz genommen haben. Es sind die Orte: Gundelsheim-Böttingen, Horkheim, Gemmrigheim, Ottmarsheim, Pleidels-

zu -ingen verdorben ist; man vergleiche die beiden Orte Heuchlingen, Oberamts Neckarsulm und Gerabronn, früher Huchilheim.

[1]) Über die Fundorte s. v. Paulus, Die Altertümer in Württemberg. Mayer, Beschreibender Katalog der kgl. Staatssammlung vaterländischer Kunst- und Altertumsdenkmale. I. Abt. Die Reihengräberfunde. Stuttgart 1883. Fundberichte aus Schwaben I. 1893. S. 13 ff.

heim; Marbach¹), Murr, Kirchberg, Murrhardt; Untergriesheim, Möckmühl; Hagenbach. Obheim. Sehr bemerkenswert ist, daß die ganze Gegend jenseits des Grenzwalls in Württemberg überhaupt nur 3 Reihengräberstätten aufweist, bei Michelfeld, Crailsheim und Edelfingen. Wenn auch bei der Zufälligkeit der Entdeckung dieser Leichenfelder noch kein scharfer Schluß gezogen werden darf, so wird dadurch doch äußerst wahrscheinlich, daß die Gegend jenseits des Grenzwalls nur sehr langsam sich bevölkerte. Bedenkt man den starken Völkerwechsel, ferner, daß zur Römerzeit diese Gegend nicht ernstlich in Kulturarbeit genommen wurde, so mag es wahrscheinlich sein, daß hier gegenüber der Keltenzeit eher ein Rückschreiten des Anbaus als ein Fortschritt stattfand, und daß die eigentliche Besiedlung erst in der Frankenzeit beginnt. Die Orte auf -ingen, die sich ganz in den Flußthälern und in deren Nähe halten und doch auch recht spärlich sind, bestätigen diese Thatsache. Ganz leer von Reihengräbern sind die südlichen Keuperberge²), die von den Alamannen auch wohl kaum schon in Anbau genommen worden sind.

Im allgemeinen aber war sicherlich noch allenthalben das Wald- und Ödland vorherrschend; die bewohnten Orte längs den Flußthälern und in der Ebene waren stark vereinzelt, ihre Feldmark von Wäldern und Sümpfen rings umschlossen³). Verhältnismäßig am dichtesten bewohnt war die Neckargegend, besonders am Einfluß von Jagst und Kocher; denn während sonst auch im ebenen Teil des württembergischen Frankens Ortsnamen häufig sind, die auf einstigen Wald und Rodung⁴) oder auf Sumpf⁵) deuten, sind sie in der Neckargegend selten. Aber gleich östlich von dieser früh angebauten Gegend finden sich noch spät, zum Teil bis auf unsere Tage, ausgedehnte Waldungen in der Ebene. So liegen noch heute zwischen Kocher und Jagst, zwischen den Städten Neuenstadt, Sindringen, Möckmühl und Widdern die üppigen Forste des Harthäuser Walds; dieser war zur Römerzeit teilweise besiedelt und verfiel nach dem Einbruch der Germanen der Wildnis, so daß hier jedenfalls ein Rückgang der Kultur eingetreten ist. Östlich schließt sich über dem Kocher an den Harthäuser Wald von Sindringen bis Künzelsau der Hermersberger

---

¹) Marbach (W. U. I 191 Marcbach 978) dürfte übrigens, wie man aus dem auf die schwäbisch-fränkische Grenze sich beziehenden Namen schließen muß, erst nach der fränkischen Eroberung des nördlichen Landesteils gegründet oder benannt sein.

²) Paulus d. J. im „Königreich Württemberg". I 1 S. 185.

³) Vgl. v. Inama I S. 35.

⁴) So die Grundwörter -struet, -hart, -lohe, -wald, -holz, -busch, -forst, sowie nach einzelnen Baumarten benannte Ortsnamen; ferner -rode und -reut.

⁵) Besonders -bruch, -horb, -slier.

Wald an, der in vorrömischer Zeit, nach den vielen Grabhügeln zu urteilen, besiedelt war. Südlich schloß sich an diesen bis zur Ohrn, also noch ins Bergland hinein, der Ohrnwald; auch die Gegend dieses Waldes war, wie man aus den uralten Straßenzügen schließen darf, schon in vorrömischer Zeit bewohnt. Diese ganze heutzutage sehr fruchtbare Landschaft war bis tief ins Mittelalter von Wald bedeckt, der sich von der Ohrn östlich bis an den Rand des Kocherthals erstreckte[1]). Das südliche Bergland vollends war fast ganz von Wäldern und Sümpfen eingenommen.

Von dieser ursprünglichen Bodenbeschaffenheit und der allmählichen Veränderung des Landes durch den fortschreitenden Anbau können uns viele Ortsnamen, besonders aber die Flurnamen, die Namen der Feld- und Waldorte, ein ziemlich klares Bild geben[2]).

Heutzutage zerfällt unser Landstrich dem Waldbestand nach in ein nördliches und nordwestliches Laubholzgebiet und in ein südliches und südöstliches Nadelholzgebiet; das letztere umfaßt besonders die bewaldeten Keuperrücken zu beiden Seiten des Kochers und der Jagst[3]); unter den Holzarten herrscht hier die Fichte, vom Volksmund Tanne genannt. Die Ortsnamen zeigen, daß diese Berge schon von alters her mit Nadelholz bewachsen waren: so im fränkischen Teil des Oberamts Ellwangen, Thanne (1228, W. U. III 734), Bühlerthann, Thannenburg, Gemeinde Bühlerthann; Hohentenne minus (1024, W. U. I 27), Hochthänn; und Tannenbühl, Gemeinde Rosenberg; im Oberamt Crailsheim Tanne (1383), Waldthann; Thannwald, jetzt Belzhof, Gemeinde Hohnhardt. Im westlichen Teil des Berglands liegt Donnbronn (Dannbrunn), Oberamts Heilbronn. Dagegen zeigen die Orts- und Flurnamen, daß die nördlich und westlich sich anschließende Ebene wie auch schon die Ränder der Berge mit Laubholz, besonders mit Buchen, etwas seltener mit Eichen, Birken, Linden, Ahorn und andern Bäumen, bewachsen waren; vom Tannenwald hergenommene Ortsnamen begegnen hier ganz selten[4]).

---

[1]) Kupferzell lautet noch 1352 Zelle uf dem Orenwalde (Haußelmann, Landeshoheit I S. 456, Nr. CXIX); Einweiler bei Eschenthal 1507 Aweiller uff dem Orenwalde. Auch die Ortsnamen weisen darauf hin, so z. B. die nahe bei einander liegenden Weiler Lohe, Tannen und Waldsall u. a. (Oberamts Öhringen).
[2]) Vgl. Arnold, Ansiedlungen u. s. w. S. 493 ff.
[3]) Dorrer, Waldbau, im „Königreich Württemberg" II. 1. Bd. III. S. 607.
[4]) So Tan (im Öhringer Obleybuch, 1428—54 geschrieben): Tannen, Gemeinde Untereppach, Oberamts Öhringen.

III. Die Merovingerzeit.

**Einwanderung der Franken. Zurückbleiben von Alamannen. Königsgut. Oster-
stufe. Die Ansiedlungen der Franken. Aufzählung der Orte auf -heim. Die Urpfarreien. Erster Ausbau des Landes. Urdörfer und Tochteransiedlungen. Gleichnamige Orte. Spätere Markgenossenschaften. Ausbau des Landes am Schluß
der Merovingerzeit. Gaugrafschaften. — Ortsnamen des Ausbaus der Marken.
Von Flurbezeichnungen hergenommene Ortsnamen. — Verteilung des Besitzes um
die Wende des 8. und 9. Jahrhunderts. Übergang zu geregeltem Felderfystem.
Wiesen und Wald in Sondereigentum. Weinbau.**

Von der Einwanderung und den ersten Ansiedlungen der Franken in unserem Landstrich haben wir keine Überlieferung, wie überhaupt die Geschicke und Zustände des württembergischen Frankens in dieser ältesten Zeit nirgends besondere Erwähnung finden[1]).

Es werden besonders Oberfranken gewesen sein, die in unser Land eingewandert sind[2]). Nichts spricht für die Annahme, daß die Einwanderung ausschließlich vom Stammland der Hessen ausgegangen sei; es ist an eine Wanderung besonders vom linken Rheinufer her zu denken[3]). Aus einzelnen gleichlautenden Ortsnamen kann man jedenfalls nicht schließen, aus welchen Gegenden die einwandernden Franken kamen, da man diese gleichen Namen überall im oberfränkischen Land, in Hessen wie in der überrheinischen Landschaft, findet[4]).

Ganz unbekannt ist, wie die Einwanderung stattgefunden hat; ob allmähliche Nachschübe anzunehmen sind, ob sie nach verschiedenen Hauptrichtungen erfolgte. Möglich ist, daß ein Strom derselben sich über das Neckarthal und die Flüsse Jagst und Kocher ergossen hat, ein anderer vom Main aus in die Taubergegend[5]).

Man darf gewiß annehmen, daß von den Alamannen viele in ihren alten Sitzen zurückgeblieben sind. Sie haben die alten Ortsnamen den Franken überliefert. Theoderich schreibt in seinem Brief an Chlodwig (Cassiodor, Varia 2, 41): sufficiat innumerabilem nationem partim ferro partim servitio subjugatam[6]). Aber jedenfalls sind die

---

[1]) Ch. F. Stälin 1 S. 221.
[2]) Arnold a. a. O. S. 212.
[3]) S. auch Arnold S. 177.
[4]) Für das überrheinische Land hat schon Lamprecht, Ztschr. des Aachener Geschichtsvereins a. a. O. S. 206, diese Beweismethode Arnolds zurückgewiesen, da diese gleichlautenden Namen nicht ausschließlich seien und auch sonst vorkommen.
[5]) Jedenfalls darf man die späteren Unterschiede der rheinfränkischen und ostfränkischen Mundart nicht auf diese Zeit schon zurückführen. Die beiden Mundarten gehen in dem Strich östlich am Neckar allmählich in einander über.
[6]) Vrgl. ferner Gesta Francorum c. 15: Ipsos (Alamannos) terramquo sub

sitzenbleibenden Alamannen in ein besitzrechtlich unterthäniges Verhältnis zum Frankenkönig getreten¹). Es scheint, daß der König der Franken Besatzungen ins Land gelegt hat zur Niederhaltung der zurückgebliebenen Alamannen, vielleicht auch zur Sicherung der ersten christlichen Missionen. Zu diesem Zwecke dürfte das sehr früh genannte castrum Stochamburg (W. U. I 85, Stöckenburg bei Vellberg) gedient haben²).

Man könnte aus der jetzigen Verbreitung der schwäbischen Mundart über die einstige Stammesgrenze herüber oder deren starke Beimischung zur bestehenden fränkischen den Schluß ziehen wollen, daß dies auf eine starke Beimischung von Alamannen zur herrschenden fränkischen Bevölkerung zurückzuführen sei. Die Sprachgrenze, die selten scharf ist, geht von der Wernitz nach Wilbenstein-Deufstetten, zwischen Stimpfach und Jagstzell nach Bühlerthann, Geifertshofen, Sulzbach am Kocher, dann dem Rothtal entlang nach Mainhardt³); von da verläuft sie bis südlich von Heilbronn, obwohl hier die Sprachgrenzen sehr ineinander übergehen⁴). Aber es ist die größte Vorsicht geboten, da die späteren politischen Verhältnisse stets die Mundart einer Gegend wesentlich beeinflußt haben⁵); in einem Teil des württembergischen Frankens hat die spätere württembergische Herrschaft die schwäbische Mundart zur überwiegenden gemacht.

Es ist wahrscheinlich, daß das ganze den Alamannen abgenommene Land ursprünglich als Königsgut betrachtet wurde, so daß der König ein ausschließliches Recht auf das eroberte Land hatte⁶). Jedenfalls behielt der König einen bedeutenden Besitz auch in eigener Verwaltung; in ganz Ostfranken ist noch in späterer Zeit der königliche Grundbesitz sehr

---

jugo tributarios constituit. Weitere Stellen sind angeführt bei Stein, Geschichte Frankens II S. 208.

¹) Stein II 208 vergleicht mit Recht das Verhältnis der Romanen des Syagrius nach ihrer Unterwerfung.

²) Zum Schutz der Grenze gegen die Alamannen, wie Bossert meint (Die Anfänge des Christentums in Württemberg. Blätter für württb. Kirchengesch. 1888. S. 9), hätte diese Burg doch eine zu ungünstige Lage.

³) Halm, Skizzen aus dem Frankenland. 1884. S. 35.

⁴) Rümelin, im „Königreich Württemberg" II, 1, Buch III S. 3. H. Fischer, über den schwäbischen Dialekt und die schwäbische Dialektdichtung. Württ. Vjh. VII. 1884. S. 132.

⁵) Scharf ist die Sprachgrenze zwischen Obersontheim (fränkisch) und Bühlerthann (schwäbisch), zwischen Appensee (fränkisch) und Stimpfach (schwäbisch). Halm, a. a. O. S. 24. Oberamtsbeschreibung von Crailsheim S. 120. Aber auch Bühlerthann und Stimpfach liegen noch im fränkischen Stammesgebiet; durch die enge Verbindung mit Ellwangen ist diesen Orten in Sprache und Sitte schwäbische Eigenart aufgedrückt worden.

⁶) Vrgl. v. Inama I S. 114. Schröder, Rechtsgeschichte S. 82.

bedeutend[1]). Als königliches Kammergut werden genannt Heiligbrunno und Lonfin (Heilbronn und Lauffen, W. U. I 165); königliche Kirchen wurden von Karlmann an Würzburg geschenkt zu Helibrunna, Hlouppa und infra castro Stochamburg (W. U. I 87). Heilbronn und Lauffen sind vielleicht schon Besitzungen von alamannischen Gaufürsten gewesen[2]), wie denn überhaupt besonders der Grundbesitz der alamannischen Großen, die das Land verlassen hatten, eingezogen worden sein wird.

Aus der reichen Fülle des durch die Eroberung gewonnenen Kron= guts machte die königliche Gewalt S ch e n k u n g e n[3]), besonders an frän= kische Große, die dadurch bedeutenden Grundbesitz im Lande bekamen. Wenn zur Zeit, da die Urkunden uns die erste genauere Kunde von der Verteilung des Landes geben, im 8. Jahrhundert, neben dem kleinen Grundbesitz auch der Großgrundbesitz schon häufig ist, so wird dies zum Teil schon auf die erste Besitzergreifung durch die Franken zurückgehen. Im Gegensatz zu diesem Briesland, das auf einer besonderen königlichen Landschenkung beruhte, stehen die an ganze Gemeinden zur Ansiedlung ein= geräumten Dorffluren, auf welchen die Niederlassung der Gemeinden nach den Grundsätzen der Feldgemeinschaft, also zu Gesamtrecht, erfolgte, so daß von vornherein die von den Gemeindebezirken eximierten Gutsherren den in den Dörfern auf ihrer Hufe sitzenden Bauern mit ihren genossen= schaftlichen Einrichtungen gegenüberstanden[4]). Während das Briesland wohl von jeher Freiheit von der Abgabe des Landrechts besessen hat[5]), scheinen im allgemeinen die Gemeinden der einwandernden freien Franken das Land nur gegen eine Abgabe an den König in Besitz genommen zu haben. Dieselbe Abgabe zahlten wohl auch die sitzenbleibenden Alaman= nen, so daß rechtlich die meisten Alamannen und Franken gleich gestellt waren, und die Unterschiede bald verschwanden. Hierher scheint die steora oder osterstuopha zu gehören, die die Ostfranken dem Könige ent=

---

[1]) Vrgl. v. Inama I S. 117.
[2]) Man hat bemerkt, daß das königliche Kammergut, wie in Heilbronn und Lauffen, sehr häufig bei Stätten alter römischer Niederlassung liegt. Die einfachste Erklärung dafür ist, daß die alamannischen Fürsten, die ersten Eroberer des Landes, die besten römischen Ländereien für sich ausgelesen haben; die Erben der Alamannen= fürsten waren dann die Frankenkönige (Wolff, Korresp.Bl. der Westdeutschen Ztschr. für Geschichte und Kunst. 1891. Nr. 132). Ganz unwahrscheinlich ist die Ansicht Bosserts (Bl. für Württ. Kirchengesch. 1888. S. 11), daß die merovingischen Könige im unter= worfenen Alamannenland vorweg die einstigen Römerorte, soweit sie noch erkennbar waren, als ihr Eigentum in Anspruch genommen haben, indem sie sich als die Rechts= nachfolger der Römer, die Alamannen aber als Eindringlinge betrachtet hätten.
[3]) S. auch v. Inama I S. 108. 125.
[4]) Schröder, Rechtsgeschichte S. 206.
[5]) Schröder, Rechtsgeschichte S. 207.

richten mußten, die aber auch in den Rheingegenden erwähnt wird[1]); sie wird auf die erste Zeit der fränkischen Herrschaft zurückgehen. Sie wird genannt in einer Bestätigungsurkunde des Kaisers Arnulf für den Bischof von Würzburg vom Jahr 889 (W. U. I 165)[2]):
... noverit omnium fidelium nostrorum ... industria, qualis Arno ... episcopus Vuirciburgensis aecclesiae nostris obtulit obtutibus quaedam praecepta antecessorum nostrorum, Pippini et Karlomanni, nec non et Hludovuici augusti, in quibus continetur: qualiter ipsi pro suae mercedis augmento ad basilicam sancti salvatoris... decimam tributi, quae de partibus orientalium Franchorum vel de Sclavis ad fiscum dominicum annuatim solvere solebant, quae secundum illorum linguam steora vel osterstuopha vocatur, ut de illo tributo sive redita annis singulis pars decima ad predictum locum persolveretur, sive in melle sive in paltenis, seu in alia qualibet redibitione, quae, ut diximus, prius e pagis orientalium Franchorum persolvebatur. Unter den nun in der Urkunde folgenden Gauen werden sämtliche im Bistum Würzburg liegenden Gaue aufgezählt. Dieser Zins ist jedenfalls an die villae dominicae abgeliefert worden. Je stärker also das Land besiedelt wurde, um so größer waren die königlichen Einkünfte; darum wird die Regierung die Einwanderung begünstigt haben. Schon in den ersten Jahrhunderten des Mittelalters verlor dieser Königszins seinen ursprünglichen Charakter einer öffentlich-rechtlichen Leistung durch Übertragung auf Kirchen und Klöster oder auch auf weltliche Herren und wurde allmählich zu einer rein grundherrlichen Abgabe[3]).

Jedenfalls aber haben alle Bewohner des Landes von der Eroberung an nach salischem Rechte gelebt[4]).

Es ist klar, daß diese Einwanderung eine ganz andere war, als wenn ein ganzes Volk, wie einst die Alamannen, seine Wohnsitze verändert und ein Land in Besitz nimmt. Fanden die Ansiedlungen der

---

[1]) Waitz II² S. 500 ff. v. Inama I S. 150 ff. Stein, Geschichte Frankens II S. 209. 233. Eine alte Glosse sagt, stopharius heiße, wer dem Könige Zins zahle (Waitz II² S. 561). Sie wird noch erwähnt in der villa Nersten, Nierstein im Großherzogtum Hessen (osterstuopha C. L 3672) und in der villa Flagestat, Florstadt an der Nidda bei Frankfurt (osterstopha C. L 3675).

[2]) Ferner in einer Bestätigungsurkunde des Königs Heinrich I. vom Jahr 923. W. U. II S. 438 (M. B. XXVIII 1, 112) und Ottos III. vom Jahr 993. Mon. Boic. XXVIII 1, 170.

[3]) Schröder, Rechtsgeschichte S. 516.

[4]) R. Schröder, Die Ausbreitung der salischen Franken a. a. O. S. 167. Schröder, Die Franken und ihr Recht. Zeitschrift der Savignystiftung für Rechtsgeschichte. II. 1881. German. Abt. S. 24 ff.

Alamannen nach Geschlechtern statt, so trat der Geschlechterzusammenhang bei der Einwanderung der Franken jedenfalls zurück; es haben wohl oft verwandtschaftlich nicht nahe Stehende sich zum Auszug und zu gemeinsamer Ansiedlung verbunden.

Bei dem Interesse, das die Krone an der Besiedlung des Landes haben mußte, darf man annehmen, daß die Königsgüter Ausgangspunkte von Ansiedlungen gewesen sind. Bei einigen Orten kann man vermuten, von welcher Stelle aus sie benannt wurden. Unter der Stöckenburg nördlich von derselben im Thal des Ahlbachs liegt Thalheim, südlich im Bühlerthal die beiden Sontheim (Südheim); im Westen am Kocher ziemlich weit entfernt liegt Westheim. Diese Orte scheinen mit Bezug auf die Stöckenburg benannt zu sein. Ebenso wird Sontheim am Neckar von Heilbronn, Nordheim (auf dem linken Neckarufer) von Lauffen aus den Namen bekommen haben[1]). Wir sehen also, daß diese Ansiedlungen von den königlichen Krongütern ihren Ausgang genommen haben.

Die Orte auf =heim, soweit sie nicht schon der Alamannenzeit angehören, stammen wohl alle noch aus der Merovingerzeit. Es sind außer den schon angeführten auf =incheim im Neckarland: Gundolfesheim (766, C. Laur. 2429), Gundelsheim; Bacherheim (782, C. L. 2426), Bachenau; Offenheim (766, C. L. 2429), Offenau (Oberamts Neckarsulm); Granzesheim (1037, W. U. I 222), Grantschen in der Nähe des Sulmthals (Oberamts Weinsberg); Suntheim (1188, W. U. II 457) und Sweigheim (vielleicht Sueinincheim 853 im C. L. 2785, Bossert 244), jetzt zusammen Sontheim; Horegeheim (976, W. U. I 190), Horkheim; Thalheim (Oberamts Heilbronn); Westheim (1122, W. U. I 277), Neckarwestheim (früher Kaltenwesten), und Hessingesheim (c. 780, Dr. 4, 124), Hessigheim (Oberamts Besigheim); Ostheim (14. Jahrhdt.), Auenstein; Autmarsheim (766, C. L. 3508), Ottmarsheim; Mundolfeshain (1245, W. U. IV 1040), Mundelsheim; Blidolfesheim (794, C. L. 3507), Pleidelsheim; Steinheim (832, C. L. 3512) an der Murr (Oberamts Marbach). In der Nähe der Jagst Huchelheim (1222, W. U. III 659), Heuchlingen, Gemeinde Duttenberg; Greozisheim (766, C. L. 2429) Griesheim; Witterheim (774, C. L. 3473), Wibbern (Oberamts Neckarsulm); Crutheim (1098, W. U. I 398), Altkrautheim (Oberamts Künzelsau). Brunoltsheim (1306), Bronnholzheim an der Gronach, Gemeinde Gröningen; *Gaspersheim, und Surheim, jetzt Saurach, Gemeinde Triensbach; Kreuwelsheim (996, W. U. VI S. 433), Crailsheim; Ingersheim an der Jagst; Onolzheim an der Maulach; Jagesheim (1212, W. U. II

---

[1]) Auch Auenstein (Ostheim) und Neckarwestheim mögen so von Ilsfeld aus benannt worden sein und ungefähr derselben Zeit angehören.

554), Jagstheim; Blindheim, jetzt Blindhof, Gemeinde Rechenberg, auf der Crailsheimer Hardt (Oberamts Crailsheim); und ganz nahe bei Blindheim Riegersheim, Gemeinde Jagstzell, Oberamts Ellwangen. Zwischen Jagst und Tauber Huchilheim (1054, W. U. I 229), Heuchlingen, Gemeinde Riedbach; Speckheim, Gemeinde Schmalfelden; Kleinbrettheim, Gemeinde Beimbach, und Bretheim (W. U. VI 1654), Brettheim, die beiden letztgenannten im Brettachthal, sämtliche im Oberamt Gerabronn. In der Nähe des Kochers: Willenheim (803, C. L. 2469), Willenbach, Gemeinde Öhheim; Odeheim (1237, W. U. III 892), Ödißem. Gozzisheim (996, W. U. VI, S. 433), Gochsen (Oberamts Neckarsulm)[1]; *Iringesheim (in pago Breitabagewe, Dr. 4, 52)[2]; *Bergeheim (1037, W. U. I 222), in der Öhringer Gegend, wahrscheinlich bei Orendelsall. Am Kocher nördlich von Hall Muncheim (1216, W. U. III 592), Untermünkheim; südlich von Hall Westheim (787, C. L. 13); bei der Stöckenburg Thaleheim (bald nach 1079, W. U. I S. 393), Thalheim; und Sontheim. Auf den Waldenburger Bergen Blindheim, Gemeinde Michelfeld. Im Tauberthal: Mergintaim (1058, W. U. I 231), Mergentheim[3]; Jegersheim (1079, W. U. I S. 392), Igersheim; Marcolfesheim (1054, W. U. I 229), Markelsheim; Elpersheim (1219, W. U. III 625); Wichartesheim (837, Dr. 4, 120), Weikersheim; Scheftersheim (1146, W. U. II, 323), Schäftersheim (Oberamts Mergentheim)[4]. Es sind, die 3 auf =incheim (f. o. S. 69) eingerechnet, 51 Ortsnamen auf =heim.

Zu den ältesten Dörfern haben jedenfalls auch die ersten Kirchorte gehört, die durch das Verdienst Bofferts[5]) zum Teil ermittelt worden sind. An heidnischen Gottesdienst erinnern noch mehrere Namen, wie Alahdorp (856, W. U. I, S. 411), Großaltdorf, Oberamts Hall, wahrscheinlich auch Großaltdorf, Oberamts Gaildorf, vielleicht auch der Ahlberg bei Orendelsall[6]), und jedenfalls Heiligbrunno (841, Heilbronn)[7]. Diese Orte

[1]) in Olleimo marca dürfte nach dem Zusammenhang der Urkunde C. L. 13 vom Jahr 787 kaum in unserem Landstrich zu suchen sein.

[2]) Wohl derselbe Ort mit Heringesheim bei Tr. 4, 125.

[3]) Die übliche Ableitung des Bestimmungswortes in Mergentheim (von Maria) ist wegen des Alters der Namen auf =heim zu verwerfen.

[4]) Oberhalb Schäftersheim an der Tauber liegt Tauberrettersheim in Bayern.

[5]) Blätter für württembergische Kirchengeschichte von 1886—1889. Württembergische Kirchengeschichte 1893.

[6]) Von ahd. alah heiliger Ort. Auch das abgelegene Belsenberg, die spätere Mutterkirche von Ingelfingen und Niederhall im Kocherthal, wird besonders wegen der Flurnamen als eine heidnische Kultstätte angesehen (Bazing, Württ. Vjh. 1881 S. 283 ff. Bossert, Blätter für württ. Kirchengesch. 1888. S. 43. 44).

[7]) Dürr, Der Siebenröhrbrunnen oder Kirchbrunnen in Heilbronn. Bericht des Historischen Vereins Heilbronn 1881, S. 1 ff.

mögen die Wahl der christlichen Kirchstätten beeinflußt haben; so Großaltdorf Oberamts Hall am Ahlenbach die Kirchgründung unter der Stödenburg, bei welcher der Ahlenbach in die Bühler mündet; Großaltdorf bei
Gailsdorf hat eine alte Martinskirche; Drendelsall, nach dem Namen
schon (Sant Drendels Salle 1312, Hanßelmann Landeshoheit II
S. 280, Nr. CCXV) eine kirchliche Gründung, scheint nach einer aufge-
fundenen Krypta auch eine sehr alte Kirche oder Kapelle gehabt zu
haben[1]). Besonders gerne scheinen wie in Heilbronn an solchen heidnischen Kultstätten Kirchen zu Ehren des heiligen Michael gebaut
worden zu sein, um dem Volke das Andenken an den Gott Ziu zu ver-
leiden. Diese wie die dem heiligen Martin geweihten Kirchen sind zum
guten Teil noch der merovingischen Zeit zuzuweisen[2]). Die ältesten Kirchen
sieht Bossert wohl mit Recht in den Kirchen der königlichen Kammergüter,
die Karlmann 741—747 an Würzburg schenkte (W. U. I 87): Lauffen,
Heilbronn und Stödenburg, und an der Grenze außerhalb Württembergs
Osterburken, Schweigern und Königshofen. An diese königlichen Orte sind
jedenfalls schon Christen vom überrheinischen Land gekommen, wie überhaupt viele unter den einwandernden Franken Christen gewesen sein werden.
Michaelskirchen finden sich auf dem Michaelsberg über Böttingen, in Heilbronn, in Binswangen, auf dem Wunnenstein, wahrscheinlich in * Wülfingen
bei Forchtenberg, in Haßfelden, in Michelfeld, in Sulzbach am Kocher,
in Mußdorf, in Rinderfeld und in Igersheim; Martinskirchen in Erlenbach (Oberamts Neckarsulm), in Sontheim, in Lauffen, in Hessigheim, in
Großbottwar; am Kocher in Döttingen, in Michelbach an der Bilz, in
Ottendorf, in Großaltdorf; ferner auf der Stödenburg; an der Jagst
und in deren Nähe in Westernhausen, in Ailtringen, in Ruppertshofen, in
Roßfeld; ferner in Rot am See und in Igersheim[3]).

Unter den Ortschaften auf =ingen und =heim, unter den Reihen-
gräberorten und den ältesten Kirchdörfern werden wir im allgemeinen die

---

[1]) Keller, Vicus Aurelii S. 87. Das benachbarte Tiefensall hat eine ursprünglich romanische Martinskapelle. Oberamtsbeschreibung von Öhringen S. 370.

[2]) Die Ansicht Bosserts (Blätter für württ. Kirchengesch. 1888, S. 9. 10), daß
die Martinskirchen für die Franken, die Michaelskirchen für die auf später fränkischem
Boden zurückgebliebenen Alamannen gedient hätten, hat keine Stütze.

[3]) Früh in den Urkunden genannt sind außer den Kirchen in Heilbronn, Lauffen
und Stödenburg meist von begüterten Grundherren erbaute Gotteshäuser in Böttingen
(771, C. L. 2416), Baumerlenbach (787, C. L. 13), Oberroth (787, C. L. 13), diese
sämtlich neu erbaut; ferner in der Wachalingheimer Mark wahrscheinlich in Ohrnberg
(795, C. L. 3460), weiter eine Kirche wahrscheinlich in Vieringen (800, C. L. 3178);
in Freudenbach (807, W. U. I 62), in Möckmühl (813, W. U. I S. 408), in Oberstetten (Tr. 4, 3). Überreste einer Kirche aus karolingischer Zeit fand man in Unter-
regenbach. 858 wird die Kirche in Gronau genannt (C. L. 3506).

Urbörfer zu suchen haben, die teils den Alamannen teils der ersten Ansiedlung der einwandernden Franken ihr Dasein verdanken. An die Stelle der alten Familiengenossenschaft trat in der merovingischen Zeit eine Gemeinschaft der Nachbarn, welche die Markgründe nutzte. Der Teilung eines Guts unter mehrere Söhne scheint die Sitte gewehrt zu haben; man suchte dem Bedürfnis durch Anlage neuer Hufen und neuer Dörfer zu genügen[1]). Wo bei der wachsenden Bevölkerung die alte Ansiedlung für alle nicht mehr ausreichte, wanderten sehr häufig diejenigen, welche daheim kein Land fanden, in Gemeinschaft aus und ließen sich anderswo nieder[2]). Die Marken der Urbörfer sind oft von sehr bedeutendem Umfang gewesen, und den größten Teil der ganzen Markung haben in dieser Zeit jedenfalls die Wälder und das Ödland gebildet[3]); da sich also meist noch hinreichender Raum in derselben Mark vorfand, so zogen es die Auswanderer vor, sich in dieser selbst niederzulassen. **Der erste Ausbau des Landes** erfolgte also überwiegend in der Weise der Gründung neuer Wohnplätze in der Mark[4]). Neben den Gemeinfreien, welche die Almenden der Marken zu neuen Ansiedlungen benützten, mögen auch schon frühe begüterte Grundherren zur Rodung geschritten sein[5]).

Solche jüngere Sieblungen finden sich in vielen alten Marken[6]). Diese zahlreichen Niederlassungen, welche durch fortgesetzte Waldrodung in der Merovinger- und Karolingerzeit gegründet wurden, sind durchweg als kleine Wohnplätze von einer oder ein paar Familien gegründet anzusehen, welche erst die Ansätze bildeten, aus denen sich später eigene Gemeinden entwickelten[7]). Solche einzelnen Anbauplätze innerhalb der noch unausgebauten Mark werden in den Urkunden meist als loci bezeichnet[8]). Die Almende der Urbörfer und der Tochteransiedlungen blieb vorläufig gemeinschaftlich; es wurde nur eine neue Feldmark ausgeschieden, während Wald und Weide im Verband der seitherigen Markgemeinschaft verblieben[9]). Erst als die Niederlassungen dichter und zahlreicher geworden waren, wurden auch die Almenden unter die einzelnen Gemeinden verteilt. Wenn uns also in den Urkunden des 8. Jahrhunderts Marken

---

[1]) Waitz, VG. I³ S. 121.
[2]) Maurer a. a. O. S. 174.
[3]) Waitz, VG. II² S. 316. v. Inama I S. 110.
[4]) v. Inama I S. 49. 208.
[5]) Arnold S. 243.
[6]) Maurer a. a. O. S. 175.
[7]) v. Inama I 207.
[8]) Lamprecht, D. W.G. I S. 335 Anm. 7.
[9]) Arnold S. 244. Thudichum, Die Gau- und Markverfassung in Deutschland 1860. S. 156.

genannt werden, so werden wir diese Namen vornehmlich den Urdörfern zuschreiben dürfen; die andern Orte dagegen, die als zu diesen Marken gehörig genannt werden, müssen wir dem Ausbau der Mark vom Urdorf aus zuweisen. Im Lorscher Urkundenbuch werden genannt die Otmaresheimer marca im Neckargau (774, Nr. 2468), die Bettinger marca (771, Nr 2416), die Offenheimer marca (774, Nr. 2427), die Tutumes marca (778, Nr. 2409)[1]), die Willenheimer marca (803, Nr 2469), in Magelingunin marca (787, Nr. 13), in Wachelincheimere marca (787, Nr. 13), die Wulvincheimer marca (789, Nr. 3463), die Westheimer marca (787, Nr. 13). 846 wird weiter genannt in Mechitamulinero marcha (W. U. I 113, die Möckmühler Mark)[2]), 876 die marca vel villa Bodibura (Bottwar, W. U. I 147). Andere alte Marken sind jedenfalls die in den ältesten Urkunden häufiger genannten villae, wie Sulmana, Gundolvesheim, Witterbeim u. a.[3]).

Als zur Wachelingheimer Mark gehörig wird nun genannt eine Kirche am Einfluß der Ohrn in den Kocher, ferner die loci Phalbach und Buttineshusen (*Büttelhausen bei Ohrnberg), im C. L. 3460 (Bossert 376),

---

[1]) 799 im C. L. 2458 Dubunburc, 976 im W. U. I 190 Dulbunnelt, heutzutage Duttenberg. Die Endung setzte sich erst allmählich fest.

[2]) Da Möckmühl jedenfalls ein Urdorf ist, so kann die Ableitung vom ahd. muli, einem lateinischen Lehnwort, nhd. Mühle, nicht wohl richtig sein. Das ältere deutsche Wort für Mühle ist quirn (Arnold, S. 24), während muli in früherer Zeit außerordentlich selten ist. Förstemann, D. Ortsnamenbuch ² S. 119. 120 nennt nur die Mulner marca aus dem Jahr 769 (Mühlacker C. L. 2366, Bossert 66), das aber nicht mit muli zu verbinden ist, und aus dem 9. Rudolfesmulin (s. auch Buck, Flurnamenbuch S. 185). In den ältesten datierbaren Urkunden von 815 und 816 (W. U. I S. 408. 409, ferner bei Dr. 4, 69) ist geschrieben Mechitamunil, Mechimunil, wohl für muhil, wie das W. U. I S. 408 annimmt. In den Fulder Schenkungsurkunden werden Güter aufgeführt in pago Meitamulin in uilla Ruchesheim (Dr. 4, 15), Mechitamulin in villa Zutilingen (Dr. 4, 34). Möckmühl war demnach die Gerichtsstätte einer Hundertschaft des Jagstgaus; es blieb auch das ganze Mittelalter hindurch Centort (s. Oberamtsbeschreibung von Neckarsulm S. 515); man darf also wohl an einen Zusammenhang mit ahd. mahal (Versammlungsort, Gerichtsstätte, s. Förstemann a. a. O. S. 95) denken; man vergleiche das im 8. Jahrhundert genannte Theotmalli (Detmold), aus dem 11. Jahrhundert Morismahil an der belgischen Grenze. Die Volksetymologie brachte das früh nicht mehr verstandene Wort mit muli zusammen, was nichts Auffälliges hat, wenn man daran denkt, daß der Fluß Alcmona (8. Jahrhundert) schon im 9. Jahrhundert auch Altmule (Altmühl) genannt, also volksetymologisch ins Deutsche umgedeutet worden ist (Förstemann a. a. O. S. 44).

[3]) Wenn es 846 im W. U. I 113 heißt: .. in tribus villulis, quae nuncupantur Zutilinga et Unilliheresbus et Thuna, omnia et ex omnibus quicquid in praescriptis villis et marchis ad eas pertinentibus .. tenere visus sui, so haben diese villulae wohl zu einer und derselben Mark (Zutilinga) gehört; das Wort marcha wird in verschiedener Bedeutung gebraucht. S. Waitz, VG. I³ S. 130 Anm. 4.

3462. Zur Wulvingheimer Mark gehörte die villa *Cupfere (am Einfluß der Kupfer in den Kocher), nach C. L. 3463. Die Westheimer Mark umfaßte noch den locus qui dicitur Raodhaha (Oberroth, C. L. 13); sie umfaßte also noch das Roththal und hatte einen sehr bedeutenden Umfang. Ein locus *Hiupenhusen (Flur Joppenklinge bei Berlichingen) wird als zu Berlichingen gehörig genannt (C. L. 3478: in villa Biringen, et in Berelabinga in loco Hiupenhusen), das jedenfalls auch eine alte Mark war. Öfters fand eine neue Ansiedlung auf dem Grenzland zweier Marken statt[1]); dies wird besonders dann der Fall gewesen sein, wenn sie von Grundbesitzern ausgingen, die in beiden Marken begütert waren. So werden 778 dem Kloster Lorsch 30 Tagwerke inter Offenheim et Tutumes marca geschenkt (C. L. 2409); Hiltisnoot, die Tochter des Suabulebus und Schwester des Grafen Maorlach, hat auf ihrem eigenen Alod ein Kloster gebaut in Wachelincheimere marca et in Magelingunin marca in loco nuncupato Alirinbach (Baumerlenbach; C. L. 13 v. J. 787)[2]).

Dem Ausbau des Landes durch Gründung von solchen Filialdörfern ist es auch meistens zuzurechnen, wenn es viele gleichnamige Dörfer giebt, die erst später durch Nebenbezeichnungen (Ober- und Nieder- oder Unter-, Groß- und Klein- u. s. w.) unterschieden wurden[3]). Diese zusammengehörigen Dörfer sind nicht zu derselben Zeit entstanden, da sonst wohl verschiedene Namen gewählt worden wären. Sie sind in der älteren Zeit lange eine einzige Gemeinde geblieben; die Orte werden in der ältesten urkundlichen Zeit noch gar nicht unterschieden und später ohne Unterscheidung nebeneinander gestellt. Erst später machte sich das Bedürfnis geltend, die Orte zu unterscheiden. So wird z. B. in den ältesten Urkunden nur Bottwar genannt (Boteburon Dr. 4, 120; im Jahr 873 Bobibura, W. U. I 147); erst 1245 werden (W. U. IV 1040) superius und inferius Botwar, Groß- und Kleinbottwar, unterschieden. Ebenso nur Greozisheim (766 ff.), das später in Ober- und Untergriesheim geschieden ist; da bei Untergriesheim Reihengräber gefunden wurden, so dürfte Obergriesheim der spätere Ort sein. 1037 werden genannt (W. U. I 222) duae villae que ambe dicuntur Brezzingin, heutzutage

---

[1]) Vrgl. auch Lamprecht, D. W.L. I 1 S. 101.

[2]) Es ist bezeichnend, daß Hiltisnoot Land schenkt, das durch Kolonisation erst erworben zu sein scheint. Das von den Vätern schon ererbte Land wurde in dieser Zeit noch nicht gerne an die Töchter vererbt (Walz II², 221. 222). Man wird also die loci Alirinbach und Raodhaha höchstens eine Generation vor 787 ansetzen dürfen, indem eben, um Land für die Töchter zu gewinnen, der Wald gerodet wurde (v. Inama I S. 220).

[3]) Maurer a. a. O. S. 177. Arnold S. 243 ff.

Gschlachten- und Raubenbrezzingen, von denen jedenfalls das erstere Dorf das ältere ist¹). Im Komburger Schenkungsbuch 12 (W. U. I S. 399) werden genannt die villae Altorf et Altorf, Uodendorf et Uodendorf, heute Groß- und Kleinaltdorf, Ottendorf (früher Obendorf) und Eutendorf bei Gailborf. Von diesen sind die älteren Großaltdorf und Ottendorf, wo sich Martinskirchen finden. Übrigens werden schon bei Dr. 4, 3. 4, 7 unterschieden Stetin und superius Stetin oder Oberenstetten. Hier ist Niederstetten das ältere Dorf, obwohl in Oberstetten die Kirche gebaut wurde, weil jenes einfach als Stetin bezeichnet ist²).

Noch jetzt läßt sich (wie bei den genannten Orten) an der Lage der Markungen manchmal erkennen, wie neue Orte von der alten Mark sich losgetrennt haben³); meist liegen die jüngeren auch an weniger günstigen Stellen oder weiter vom Flusse entfernt und näher am Walde. Doch ist hier im einzelnen Vorsicht in Schlüssen geboten, wo andere Anzeichen einer sicheren Bestimmung fehlen. Die Urdörfer sind meist auch heute noch volkreiche Dörfer und Städte.

In späterer Zeit hat noch zwischen einigen Orten teilweise eine Markgemeinschaft bestanden, so zwischen den Orten Binswangen und Erlenbach, ferner zwischen Kocherthürn, Bürg und Stein in Baden⁴). Man kann bei manchen späteren Markgenossenschaften einen grundherrschaftlichen Ursprung nachweisen⁵), wie z. B. der große Hardtwald zwischen Steinheim und Kleinaspach, der bis zum Jahr 1840 in gemeinschaftlichem Besitz von sieben Dörfern war, auf eine Schenkung der Elisabeth von Steinheim um das Jahr 1280 zurückgeht⁶). Bedenkt man aber, daß jene Orte in früh besiedelter Gegend liegen und kirchlich in ursprünglicher Verbindung gestanden sind, so kann man es für wahrscheinlich halten, daß diese Markgemeinschaften auf alte Markgenossenschaften von der Zeit der ersten Ansiedlung her zurückgehen⁷). Kocherthürn hatte die Mutter-

---

¹) Im 12. Jahrhundert Brecingun superius und Brecingun inferior (W. U. IV S. 342); 1248 de minori et superiori Brecingen (W. U. IV 1119).

²) Liegen gleichnamige Orte weit auseinander, so ist natürlich an einen Ausbau in der Mark nicht zu denken. Arnold S. 246. So bei Hall und Niedernhall (1037, W. U. I 222 Halle superius und inferius, von denen Hall damals schon das bedeutendere gewesen zu sein scheint, da es in der Urkunde auch bloß als Halle erwähnt wird). Solche Orte können gleich alt sein, zumal wenn sie demselben Fluß oder Bach den Namen verdanken, wie Kleinbrettheim und Brettheim an der Brettach.

³) Vrgl. Arnold S. 224.

⁴) Oberamtsbeschreibung von Neckarsulm S. 288. 352. 493.

⁵) v. Inama I S. 51 Anm. 1.

⁶) Oberamtsbeschreibung von Marbach S. 248. 249.

⁷) Vrgl. auch Waitz, V.G. I² S. 124 ff. Lamprecht, D.W.L. I 1 S. 286.

kirche für die übrigen Orte. In Binswangen war die Kirche dem heiligen Michael, in Erlenbach dem heiligen Martin geweiht. Solche Martinskirchen neben Michaelskirchen finden sich aber noch öfters in sehr nahem Zusammenhang, so in Igersheim, ferner in Roth am See und Musdorf [1]).

Es ist wahrscheinlich, daß in dieser Periode im allgemeinen freie Rodung auf dem unbebauten Marktland jedem Hufenbesitzer als ein zu seiner Hufe gehöriges Recht am Gemeindeland zustand und nach dieser sich bemaß [2]).

Zwischen dem 6. und 8. Jahrhundert hat ein recht bedeutender Ausbau stattgefunden [3]). Der westliche und nördliche Teil des Gebiets sind jedenfalls stärker besiedelt gewesen. Von den Flußthälern und den an ihnen gelegenen Landstrichen zogen sich die Ansiedlungen in der merovingischen Zeit über die Ebene hin, wenn auch einzelne große Wälder im Ebenenland noch bestanden, und zwischen den Gemarkungen der Dörfer sich in nicht unbeträchtlicher Ausdehnung noch Wald- und Wildland hinzog. Auch das südliche Bergland, besonders dessen Ränder und Bachthäler, werden schon für die Besiedlung in Anspruch genommen [4]). Unter den Orten auf -heim liegen Blindheim und Niegersheim auf der Crailsheimer Hardt und Blindheim bei Michelfeld schon auf den Bergen in der Nähe der Ebene; in den Löwensteiner Bergen werden 779 Luutra und Stangbach (Altlautern und Stangenbach) urkundlich (W. U. II S. 436) erwähnt, im Roththal 787 Raobhaha (Oberroth, C. L. 13).

Die politische Organisation des Landes hat sich von vornherein auf die Gaue gegründet [5]), deren Namen also auf die erste Zeit des 6. Jahrhunderts zurückgehen mögen. Von Gaugrafschaften werden uns in den Urkunden genannt der Murrgau (766, C. L. 3508), der Jagstgau (767, C. L. 3481), der Neckargau (771, C. L. 2416), der Kochergau (787, C. L. 13), der Taubergau und der Gollachgau (807, W. U. I 62) [6]). Diese sämtlichen Gaue haben ihren Namen von den Flüssen

---

[1]) Bossert, Blätter für Kirchengesch. 1888. S. 9. 10.
[2]) v. Inama I S. 83.
[3]) v. Inama I S. 81.
[4]) Die Kulturen im Odenwald und wahrscheinlich auch in andern Gebirgsgegenden reichen ebenfalls schon ins 8. Jahrhundert hinauf. v. Inama I S. 315.
[5]) Vrgl. Schröder, Rechtsgeschichte S. 122.
[6]) Vrgl. Ch. F. Stälin I S. 312 ff. P. F. Stälin I S. 145 ff. Im 8. Jahrhundert und in den ersten Jahrzehnten des 9. Jahrhunderts werden auch der Sulmanachgau (771—782, C. L. 2910. 2908) und der Brettachgau (783—833, C. L. 13. 3538) zur Bestimmung der Orte in den Urkunden verwandt. Es sind diese kleineren Bezirke nur Hundertschaften der größeren Gaue. Vrgl. Stein, Forschungen zur deut-

bekommen¹). Wenn man bedenkt, daß eine ernstlichere Besiedlung des ganzen Gebiets erst in der fränkischen Zeit vor sich gegangen ist und zwar zunächst den Flüssen entlang, so wird der Gedanke nicht abzuweisen sein, daß sie uns die Zeit der Besiedlung veranschaulichen, in welcher sich dieselbe noch hauptsächlich an den Flüssen hielt und von diesen aus weiter schritt. Wir erfahren also aus ihren Namen, daß außer den Thälern des Neckars, der Jagst, des Kochers, der Murr und der Tauber, was ja durchaus natürlich ist, auch die Gegend der Maulach, die von links in die Jagst fällt, zu den früh besiedelten gehört, was für dieselbe durch die Urpfarrei in Roßfeld bekräftigt wird. Die Thäler der Maulach wie der größeren Flüsse sind dann die Ausgangsorte für die weiteren Ansiedlungen gewesen.

Welches waren nun die **Grundwörter der Ortsnamen, welche beim Ausbau der Marken** besonders häufig gebraucht wurden?

Von den 11 Namen der urkundlich überlieferten Marken endigen 4 auf =ingen oder =incheim (mit Berlichingen), 4 auf =heim, 1 auf =bura, was uns mit zum Beweise dienen kann, daß =ingen und =heim in ganz besonderer Weise den Urdörfern eigen sind.

Von den 25 Orten, an welchen sich Reihengräber gefunden haben, haben 10 als Grundwort =heim, darunter 2 =igheim, je 3 =feld und =bach, 2 =ingen, je 1 =weiler, =hausen und =berg.

Von 24 Orten mit Martins= und Michaelskirchen, die man für Urpfarreien hält (16 Martins=, 9 Michaelskirchen)²) gehen 4 auf =feld oder =felden, je 3 auf =ingen, =heim, =dorf und =bach, je 1 auf =wangen, =hausen, =bronnen, =burc, =bura und =rot aus.

Die Nennung eines Ortes in alten Urkunden ist im ganzen zufällig, soweit uns eben die Lorscher und Fulder Schenkungen oder die Bestätigung durch die kaiserliche Kanzlei einen Ortsnamen überliefert haben. Von den bis zum Jahre 810 urkundlich erwähnten Orten haben 9 ihr Grundwort auf =ingen, 10 auf =heim; 9 sind **Fluß= oder Bachnamen**: Sulmana (711, C. L. 2910, Neckarsulm); Diepenbach (774, C. L. 2464, Tiefenbach); Luutra, Stangbach (779, W. U. II S. 436);

---

schen Geschichte 1879, S. 123 ff. Geschichte Frankens I S. 45, II S. 244. Die Orte werden sowohl im kleineren Bezirk als im größeren Gau gelegen aufgeführt; so z. B. in demselben Jahr 801 Wachalinga sowohl im Kocher= als im Brettachgau (C. L. 3461. 3559). Im 12. Jahrhundert wird auch der Schotzgau genannt (Ilsfelt in pago Scuzengowe 1157, W. U. II 35). Vgl. Schröder, Rechtsgeschichte S. 122.

¹) S. auch Waitz, V.G. II³ S. 327.
²) Zu den Michaelskirchen sind hier die auf dem Wunnenstein und Michaelsberg nicht gezählt; Igersheim hat eine Martins= und eine Michaelskirche.

Alirinbach, Raobhaha (787, C. L. 13), Phalbach (795, C. L. 3460), Cupfere (799, C. L. 3463); Fribunbach (807, W. U. I 62, Freudenbach). 4 endigen auf =husen: Ollanhusen (781, C. L. 3480, Olnhausen); *Austrenhusen (795, C. L. 3507); *Buttineshusen und *Hiupenhusen (s. o. S. 48. 49). 2 auf =oua: Autgousisoua und Uualtmannisoua (Archshofen und Walbmannshofen, 807, W. U. I 62). 2 auf =burc: Stochamburc (c. 745, W. U. I 85) und Dubunburc (799, C. L. 2458, Duttenberg). Je 1 auf =felb: Jagesfelben (767, C. L. 3481, Jagstfeld), auf =brunna: Helibrunna (C. 745, W. U. I 85, Heilbronn), auf =biunbe: Helmanabiunbe (797, C. L. 3537, *Helmbund bei Neuenstadt a. d. Linde), auf =buron: Boteburon (c. 779, Dr. 4, 124, Großbottwar), auf =stetin: Stetin (795, C. L. 3507). — Auch die meisten bei Dronke, Traditiones et Antiquitates Fuldenses, aufgeführten Schenkungen mögen um die Wende des 8. und 9. Jahrhunderts fallen. Sie nennen noch außer den schon früher aufgeführten auf =ingen und =heim: *Jagese (4, 13, vielleicht Jagstfeld); Kocheren (4, 53, wahrscheinlich Kochendorf); Breitaha (4, 62, Brettach); Lutenbach (4, 3, Laubenbach)[1]; ferner neben Stetin (4, 3); Oberensteten (4, 7); Zimberen (4, 3, Vorbachzimmern); Marlohen (4, 79, Marlach an der Jagst); Mehitamulin (4, 25); *Sala (4, 70) in der Nähe von Westheim oder Oberroth). Weiter wird noch genannt Larehouen (Dr. C. dipl. Fald. num. 296, Lohrhof)[2].

Man kann aus den vorstehenden Aufzählungen mit Sicherheit entnehmen, daß in der Merovingerzeit auch Ortsnamen auf =feld, =bach, =dorf u. s. w. verbreitet waren. Wir halten fest, daß die meisten Grundwörter schon zur Zeit der ersten Besiedlung des Landes verwendet werden konnten und wohl großenteils auch im Gebrauch waren. Aber im allgemeinen gehören die von Flurbezeichnungen hergenommenen Ortsnamen, also die von Bächen, Quellen, Bergen, Feldern und Wäldern hergenommenen Namen erst der Zeit des Ausbaus an[3]. Von den urkundlich als in andern Marken liegend angeführten Orten endigen 2 auf =hausen (*Buttineshusen, *Hiupenhusen), die übrigen (Raob-

---

[1] Wahrscheinlich ist auch *Grunaha (39, 78) in unserem Landstrich (an der Grenach bei Gröningen) zu suchen.

[2] Im 9. Jahrhundert werden ferner in den Urkunden genannt: *Uuargesavona (815, W. U. I S. 408. Flur Wagern bei Möckmühl). Reginhereshusen (845, C. L. 3511, wahrscheinlich Rielingshausen). *Willihereshusen und Tunnaha (Domeneč, 846, Dr., cod. dipl. Fuld. 534 S. 247, bei Züttlingen. Die Urkunde W. U. 1 113 bietet spätere Formen Uuillihereshus und Thuna). Grunonowa (868, C. L. 3506, Gronau). Asbach und Attunstete im Murrgau (862, C. L. 3510). Murrahart (873, W. U. I 147, Murrhardt).

[3] Vrgl. Arnold S. 234. Bohnenberger S. 19. 20.

haha, Cupfere, Mirinbach, Phalbach) sind nach dem vorbeifließenden Bach
genannt. Die Bäche u. s. w. hatten in den Marken schon ihre Namen,
ehe Niederlassungen dort gegründet wurden, die nach jenen benannt wurden.
Die Bezeichnung der Niederlassungen nach solchen Flurnamen dauerte
übrigens fort, solange neue Ortsgründungen überhaupt stattfanden. Ein
besonders hohes Alter unter diesen Namen scheinen viele auf =feld zu
haben, da unter den 17 Ortsnamen unseres Landstrichs mit diesem Grund=
wort verhältnismäßig nicht wenige aus verschiedenen Gründen sich uns
als alten Orten angehörig erwiesen haben: Rinderfeld, Haßfelden, Michel=
feld, Roßfeld, Bitzfeld, Jagstfeld und Ilsfeld [1]). Bei der Geringfügigkeit
der ältesten Wohnungen kann es nicht verwundern, wenn eine Uransied=
lung nach der Ebene oder den Äckern, in denen sie lag, benannt wurde [2]).
Wenn nun auch diese Namen zum guten Teil in die älteste Zeit hinaufreichen
mögen, im ganzen gehören sie, wie alle von Flurbezeichnungen hergenom=
menen Ortsnamen, sehr verschiedenen Zeiten an. Ähnlich wie mit denen
auf =feld mag es mit den Orten auf =hart stehen, von denen auch einzelne,
wie Murrhardt und vielleicht Mainhardt, in sehr frühe Zeit zurückgehen.
Verhältnismäßig früh werden in den Urkunden auch genannt Ortsnamen auf
=bach oder =ach [3]), =au, =brunnen, ferner =stetten oder =statt. =statt
oder =stetten [4]) bedeutet eine bestimmte, schon bekannte Stätte, wird also
in den meisten Fällen frühestens dem Ausbau der Mark angehören.
Später als diese Namen treten die auf =berg und =thal auf, erst am
Ende des 11. Jahrhunderts; die Orte, welche am frühesten genannt
werden, sind Hohinberc (1096, W. U. I 249, Hohenberg), und im Com=
burger Schenkungsbuch Dungebal (1079, W. U. I S. 392, Thüngenthal)
und Hesenbal (W. U. I S. 396, Hessenthal), sämtliche bei Hall.
Zur Veranschaulichung der Ansiedlung und des Ausbaus in der
merovingischen Zeit mag ein Bild der Verteilung des Besitzes

---

[1]) Siehe S. 37. S. 44, Anm. 1. S. 46, 53. Auch Oberstenfeld scheint eine
sehr alte Siedlung, wenn anders die Deutung: „die oberste Feldflur in dem sich
in die Waldberge hineinerstreckenden Bottwarthal" richtig ist. Denn schon 868 wird
das noch weiter oberhalb zwischen den Bergen gelegene Gronau als Kirchort genannt
(C. L. 3506).

[2]) Die Namen sind oft nicht sofort bei der ersten Ansiedlung gegeben worden;
zum großen Teil mögen sie erst den Nachbarn ihren Ursprung verdanken, also von
außen gegeben worden sein.

[3]) Die Orte auf =ach brauchen nicht älter zu sein als viele auf =bach, wenn
=ach auch einen altertümlichen Eindruck macht. Nur die Bachnamen auf =ach sind
verhältnismäßig alt, die Dörfer können viel jünger sein.

[4]) =stetten und =statt sind gleichbedeutend; es sind in unserem Bezirk 8 Orts=
namen auf =stetten, 10 auf =statt. Es ist das oben (S. 48 ff.) genannte locus der
Urkunden.

bienen, das uns die Urkunden, besonders des Lorscher Schenkungsbuchs, am Ende dieser Periode darbieten¹). Erkauftes und neugerodetes Land wird gar nicht oder sehr selten erwähnt; im ganzen scheint es sich bei diesen Schenkungen überwiegend um Erbgut zu handeln. Die ältesten Urkunden lassen darüber keinen Zweifel, daß eine bedeutende Ungleichheit des Besitzes damals vorhanden war.

Einzelne bevorzugte Familien erscheinen als reich begütert²). So giebt Cunibert (779, W. U. II S. 436, vrgl. Dr. 4, 16) seine gesamte Habe in den Orten Hohborp, Gruoninga, Ingiheresheim, Feinga, Stangbach, Ulfinga, Abaloltesheim, Uuachalinga, Bunninga, Luutra, et in villa Sauuilenheim in pago Uuormazfelde an das Kloster Fulda. Bei Dr. 4, 124 werden noch Schenkungen desselben Mannes (des Kunibreht comes) in Chirecheim, Boteburon und in Heffingesheim genannt, ferner schenkt er (Dr. 4, 125) seinen Besitz in Wertheim, Biscoffesheim, Kuffese et in Rowilenheim, Heringesheim et in Kamerdinge. — Hiltisnoot, die Schwester des Grafen Maorlach, schenkt 787 „monasterium quod modo a novo edificavimus in propria alode mea in pago Brethachgowe in Wachelincheimere marca et in Magelingunin marca in loco nuncupato Alirinbach, id est basilicam, quae est constructa in honorem sancti salvatoris vel caeterorum sanctorum, et in ipsis locis iam dictis huobas serviles XVI et huobam et mansum indominicatum" . . ., ferner in Buttinesheim marcha³) . . . hubas II, und in Cochengowe in Westheimer marcha in loco qui dicitur Raodbaha hubas V et mansos V und Güter im Garbachgau, in Slothrun und Becchingen, ferner in Olleimo marca ans Kloster Lorsch (C. L. 13; W. U. IV S. 318). Morlach selbst schenkt im Jahr 795 in pago Cochengowe in Wachaliucgheimer marca basilicam I in honore S. Salvatoris et S. Mariae dedicatam cum omni ornamento et edificio superposito, et sita est in loco, ubi Oorana fluvius influit in Cochane⁴), et IV hubas, et in

---

¹) Vrgl. nun auch Bossert, Württembergisches im Lorscher Cober, in den Weißenburger und Fuldaer Traditionen (Württembergische Geschichtsquellen, herausgeg. von der Kommission für Landesgeschichte durch Schäfer, Bd. II, von dem der Verfasser noch einen Teil der Druckbogen vergleichen konnte).

²) Ursprünglich war das Salland vorzüglich Briesland, das durch königliche Schenkung übertragen war. Erst im Lauf der Zeit kamen im Weg der Veräußerung, namentlich durch Auftrag zu Zinsrecht, auch nach Nachbarrecht angelegte Hufen in den freien Bauerndörfern mehr und mehr in grundherrlichen Besitz. Schröder, R.G. S. 207.

³) Die Buttinesheim marcha ist nach Bossert S. 181, Anm. 9, dasselbe wie der locus Buttinesheim C. L. 3460.

⁴) Ohrnberg s. Bossert, Zum Cob. Laur. S. 181, Anm. 7.

loco Phalbach VIII hubas et VIII mansos et I mansum indominicatum. Similiter in loco Buttineshusen hubas V et mansos V, et in Liutolvestetin similiter hubas V et mansos V, item in Betchingen II hubas et mansos II et I basilicam et mancipia LXXXIV (C. L. 3460, Bossert 376). — Wago comes schenkt an das Kloster Fulba proprietatem in uilla Uotinga cum familiis et omnibus compertinentiis et facultatibus (Dr. 4, 117). An dasselbe Kloster schenkt Marcuuart de Tuberecgewe sein gesamtes Eigentum in Oberensteten, in Gruningen et in pago Mulibgewe (Dr. 4, 7)[1]; derselbe und seine Gattin Perhtild ecclesiam unam et quicquid in quatuor villis proprietatis habuerunt, in Stetin, Lutenbach, Zimberen, et in superiori Stetin, ubi ecclesia edificata est (Dr. 4, 3). Wohl derselbe Marcuart schenkt sein Eigentum in villa Wichartesheim in pago Tubergowe (Dr. 4, 120).

Neben solchen Schenkungen, die von einem außerordentlich weit greifenden und ungemein zerstreuten Güterbesitz zeugen, sind aber auch solche häufig, die von Grundherren ausgehen, deren Teilbesitz über einen verhältnismäßig eingeschränkten Raum verbreitet ist[2]: Harduin und seine Gemahlin Albsuint schenken 782 ihr Eigentum in der Greozheimer marca et in Baccherheim et in Offenheim aus Kloster Lorsch (C. L. 2426, Bossert 114). — Eberwin und seine Gattin Engiltrud schenken 766 ihr Eigentum in der Offenheimer marca et in Gundolfesheim et in Greozisheim (C. L. 2429, Bossert 117)[3]. — Atto und Bilitrub geben 778 in der Mark von Isinisheim I mansus und eine Wiese und in Offenheim I mansus (C. L. 2435, Bossert 120). — Bernus schenkt 799 in Alancer marca et Cimbren terram indominicatam et hubas serviles IV et silvam et molendinum et in Gundolvesheim et in Bettingheim et in Offenheim et in Dudunburc et Diffenbach quidquid habere videor in mansis, pratis, silvis, aquis, et XII mancipia (C. L. 2458, Bossert 136). — Hartung und seine Gattin Huba schenken (nach Bossert 790) ihr Eigentum in der marca Svegerheim et in Frankenbach et in Gundolfesheim an Lorsch (C. L. 2763, Bossert 222). — Gisela und seine Gattin

---

[1] Dieses Gruningen meint vielleicht die Urkunde Dr. 39, 78: Adelolf comes trad. sco Bon. duas villas Grunaha et Gruningen cum appendiciis et familiis suis (Gröningen, Oberamts Crailsheim, liegt an der Gronach). Sie werden unter den Schenkungen de Graffelt et de Tullefelt aufgeführt.

[2] Vrgl. Lamprecht, D. W.L. I 2 S. 705.

[3] Vielleicht derselbe, der 766 auch eine Schenkung in der Eisisheimer Mark macht (s. Bossert Nr. 181, S. 120 A. 11; C. L. 2721).

Arila geben 791 in der marca Gardaha et in Isensheim et in Sulmanerheim ihr Eigentum in mansis, pratis, edificiis et XII mancipia et in Isensheim mansum cum edificio (C. L. 2779, Bossert 238). — Reginolf schenkt 778 I mansum in [Hillenbacher] marca et inter Offenheim et Tutumes marca XXX jurnales cum campis, pratis, silvis, aquis (C. L. 2409, Bossert 100). — Trutgart schenkt 800 in pago Jagesgowe in villa Biringen et in Berelabinga in loco Hiupenhusen ecclesiam I et casam et curiam, et in Wagelingen unum mansum et casam et mancipia VII (C. L. 3478, Bossert 385). — Hilta und ihre Schwester Truthlint schenken 794 in pago Murrahgowe in Blidolfesheim et in Stetin et in Austrenhusen X hubas et mancipia XXX (C. L. 3507, Bossert 413). — Im 4. Jahr des Königs Ludwig (844) übergiebt Adelloldus diaconus „ecclesiam I in pago Murrachgowe in villa Biginga ... et quidquid ibidem habere videor, similiter in Gisingheim et in Ingrihesheim et in Hegolvesheim et Bunningheim et Blidolfesheim et Hofoheim ... et mancipia XCIII" (C. L. 3504, Bossert 410). — 832 schenken Gundwin und Trutlint in pago Murrachgowe in Steinheim I bifangum ad hubas XXX et mancipia VI (C. L. 3512, Bossert 418). — Irlolf schenkt im 12. Jahr des Königs Ludwig (852) in pago Murrachgowe in Reginheresbusen hubas II, areas II, jurnales LXXIX et pratum I, similiter in eodem pago in Steinheim hubas IV et pratum et mancipia XII (C. L. 3511, Bossert 417). — Gobetanchus und Dragebobo geben im 36. Jahr des Königs Ludwig (868 nach Bossert) in pago Murrachgowe in villa Gruonowa mansum I cum edificiis et ecclesiam I et mansos serviles VI et silvam et XXX hubas de terra inculta et mancipia XXV (C. L. 3506, Bossert 412). — Milo schenkt 797 in pago Bretachgowe in villa Helmanabiunde mansum I cum casa et curia et hubam et mancipia III et in villa Odoldinga I mansum (C. L. 3557, Bossert 438). — Willirih und seine Gattin Burgunt übergeben an Fulba in villis Meitamulin, Zutiliugen, Jagesc ihr Eigentum cum omnibus proprietatibus prediorum et mancipiorum (Dr. 4, 13). — Sigibreht schenkt seine Güter in uilla Mechitamulin et in Ruhesheim (Dr. 6, 165). — Eigilfuint übergiebt ihre Güter in Jagesgowe in villa Robesheim et in villa Siginingen (Dr. 4, 56). — Huhinc übergiebt predia sua in Buteneshusen et Phalbach (Dr. 4, 61). — Uta schenkt ans Kloster Fulba[1]) bona sua in Westheim, Rotaba,

---

[1]) Jedenfalls vor 848 nach W. U. I 115.

Sala quicquid proprietatis ibi habuit cum familiis et prole (Dr. 4, 70; vrgl. 4, 88 Uta ſchenkt pro memoria viri sui Morialdi in Westheim, Rota, et cetera confinia prediorum in pago Cochengowe cum familia sua). — Burcſwind ſchenkt „predium meum quod mihi ex paterna hereditate pervenit, quod situm est in pago Gollahagowe in loco qui dicitur Larehoven[1]) super ripam fluminis qui dicitur Steinaha" mit 150 namentlich aufgeführten mancipia. (Dr. Cod. dipl. Fuld. num. 296).

Aber neben dieſen Schenkungen ſind auch ſolche häufig, welche auf kleineren Grundbeſitz von Freien nur in einer Mark ſchließen laſſen[2]). Es ergiebt ſich aus den Urkunden, daß damals faſt in jedem Dorf Güter größerer, auch noch in anderen Marken grundbeſitzender Herren und kleiner freier Grundeigentümer nebeneinander lagen. Im allgemeinen iſt der kleine Grundbeſitz am Ende des 8. Jahrhunderts wie auch ſonſt in Oſtfranken[3]) noch recht häufig. In Autmarsheim in pago Murrachgowe ſchenkt 766 Herphin V jurnales de terra aratoria et V de silva (C. L. 3508, Boſſert 414). Desgleichen 773 Hageno und ſeine Gattin in Autmaresheim XIV jurnales (C. L. 3509, Boſſert 415); im gleichen Jahre Franco und ſeine Gattin Gobelint VI jurnales im Neckargau in Otmaresheimer marca (C. L. 2468, Boſſert 143); weiter Engilrich 806 in villa quae vocatur Otmaresheim III jurnales de terra aratoria (C. L. 2462, Boſſert 139)[4]). Im 16. Jahr des Königs Ludwig (856 nach Boſſert 853) ſchenkt Winbalt ſein Eigentum in villa Otmarsheim an Lorſch (C. L. 3505, Boſſert 411). — In villa Sulmana in pago Sulmanachgowe ſchenken 771 Plibroch und ſeine Gattin Blitrub ihr Eigentum an dasſelbe Kloſter (quicquid ibidem habere videmur in mansis, pratis, silvis, aquis, terra culta et inculta, et mancipia VII cum omnibus quae habere videntur, C. L. 2910, Boſſert 259). Bernhart ſchenkt 774 für das Seelenheil ſeines Bruders Adelhardus jurnales decem de terra aratoria (C. L. 2907, Boſſert 256). Hartger und ſeine Gattin Richſuint ſchenken 778 IV jurnales de terra aratoria (C. L. 2905, Boſſert 254); Egilbertus für ſeinen Sohn Abelharbus 782 VII jurnales de terra aratoria (C. L. 2906, Boſſert 255); Hanſuint 782 pro remedio Dudonis IV jurnales de terra aratoria (C. L. 2908,

---

[1]) Lohrhof, Oberamts Mergentheim.

[2]) Unter den folgenden Schenkungen von geringem Umfang an nur einem Orte mögen übrigens mehrere von begüterten Grundherren ſein.

[3]) v. Inama I 117.

[4]) Engilrich ſchenkt übrigens auch eine Wieſe in Gruonincheim (Neckargröningen, C. L. 2461, Boſſert 138).

Boffert 257); ebenſo Hunſuint VII jurnales (C. L. 2909, Boffert 258).
— In villa Jagesfelden ſchenkt Herpholt 767 pratum I (C. L. 3481,
Boffert 387). — In Offenheimer marca in pago Neckergowe
ſchenkt Willebertus 774 an Lorſch III jurnales (C. L. 2427, Boffert 115)
und der Presbyter Jrminolb 769 ſein ganzes Eigentum (C. L. 2428,
Boffert 116), ebenſo Antelph 775 ſein geſamtes Eigentum und III mancipia (C. L. 2430, Boffert 118). — In villa Gundolfesheim im
Neckargau ſtiften Sigefrid und ſeine Gattin Wanhilt 790 V jurnales
und I mansum (C. L. 2401, Boffert 99). — In Rettinger marca
in pago Neckergowe ſchenkt der presbiter Godefridus 771 „quidquid
habere videor .. in mansis, pratis, silvis, aquis, domibus, edificiis,
et basilicam, quam ego ipse edificavi" (C. L. 2416, Boffert 107);
im Jahr 774 Habobert und ſeine Gattin Hilbeſuint III jurnales de
terra aratoria et unum pratum (C. L. 2417, Boffert 108). — In
Greozheimer marca im Neckargau werben von Wolfhart 779 (nach
Boffert 774) V jurnales (C. L. 2425, Boffert 113), von Svabreth und
Ruzolt 790 XV jurnales de terra aratoria geſchenkt (C. L. 2424,
Boffert 112)¹). — In villa Diepenbach in pago Neckergowe ſchenkt
Ecolant 774 II jurnales (C. L. 2464, Boffert 141). — In villa Zuti-
lingen in pago Jagesgowe übergeben Willihere (Dr. 4, 13) und
Mabalger (Dr. 4, 59) ihre Güter an Fulba. — In villa Meitemulen
im Jagſtgau ſchenkt Truthilt ihr Eigentum (Dr. 4, 14); ebenſo übergiebt
Blenſuint ihre Güter in villa Mechitamulin cum familia et eorum
substantia aliisque plurimis facultatibus tam in agris quam in silvis
(Dr. 4, 25: vrgl. Dronke, Cod. diplom. Fuld. 189: Bleonsuind . . .
talem portionem, quae mihi a parentibus meis in pago Jagesgowe
in villa Meitemûln in proprietatem hereditario jure contigit, consen-
tientibus atque simul conlaudantibus fratribus ac sororibus meis
uterinis nulloque parentum et affinium contradicente coram testibus
idoneis et cognatis meis trado beato Bonifacio . . Trado ergo . .
hereditatem et patrimonium prefatae villae Meitemulin cum familia
utriusque sexus etc.). Ferner ſchenkt Giſelhere predia sua in villa
Mechitamulin cum familia et prole (Dr. 4, 27). Ebenſo geben Slawo
und ſeine Gattin Gerhilt ihr Eigentum in villa Mechitamunil in pago
Jagesgowe (Dr. 4, 69), und Rutgart ſtiftet bona sua in villa Mitte-
mulin et familiam cum omni proprietate et substantia sua (Dr. 6,
72). — In villa Witterheim in pago Jagesgowe ſchenken 774

---

¹) Wahrſcheinlich gehört hieher auch die Schenkung Nortmanns von II jurnalcs
in pago Jagesgowe in villa Creizheim an Lorſch (771, C. L. 3475, Boffert 383).

Wanine und seine Gattin Richsvint XX jurnales de terra aratoria
(C. L. 3473, Bossert 382), 778 Offo II jurnales an Lorsch (C. L. 3472,
Bossert 381). — ad Ollanhusen im Jagstgau schenken 781 (nach
Bossert 776) Sigemar und seine Gattin Gltsmut ihren Besitz an das=
selbe Kloster (C. L. 3480, Bossert 386). — In Marlohen übergiebt
Vorn seine Güter an Fulda, hoc est vineam et bubam unam (Dr. 4, 79).
— Am Kocher in villa Kocheren, quod est iuxta Chocharam
fluvium, schenkt Rathere proprietates cum multa familia an Fulda
(Dr. 4, 53). — In Willenheimer marca im Neckargau schenkt
803 Regintrud VIII jurnales an Lorsch (C. L. 2469, Bossert 144).
— In Breitaha schenkt Leiberat das Eigentum an Fulda (Dr. 4, 62).
— An dasselbe Kloster schenkt Tumbraht in villa Iringesheim,
quod est in pago Breitahagewe predia sua et familiam (Dr. 4, 52).
— In villa Erlinbach in pago Bretachgowe schenkt Atto seinen
Besitz an Lorsch im 20. Jahr des Königs Ludwig 860 (C. L. 3536,
Bossert 437). — In villa Wachalinga schenkt Eberwin 801 pro
anima Liutfridi sein Eigentum (C. L. 3461, Bossert 377), in dem=
selben Jahr Boffo XXX jurnales de terra aratoria (C. L. 3559,
Bossert 440); im ersten Jahr des Königs Ludwig (nach Bossert früher) Rud=
varb II mancipia und sein sonstiges Eigentum (C. L. 3538, Bossert 439).
Im Jahr 800 stiftet ferner Ratbalt in pago Cochengowe in Wachalinc=
heim in loco Budineshusen XL jurnales de terra arabili (C. L.
3462, Bossert 378). — In Wulvincheimer marca in villa
Cupfere schenkt Muther 799 pro remedio anime Ruthardi et uxoris
suae Odilie I mansum cum aedificio superposito [1]) et molendinum I

---

[1]) mansus hat in den Urkunden dieser Zeit verschiedene Bedeutung. Zunächst
wird es wie hier im Sinn von Hausplatz gebraucht, wobei es von den darauf stehenden
Wohn= und anderen Gebäuden wie von den dazu gehörigen Gärten und Höfen unter=
schieden wird. So schenkt man 797 in villa Helmanabiunde mansum I cum casa et
curia et hubam et mancipia III (C. L. 3557); in Wagelingen 800 unum mansum et
casam et mancipia VII (C. L. 3478); im 36. Jahr des Königs Ludwig in villa Grnonowa
mansum I cum aedificiis (C. L. 3506). — In der weiteren Bedeutung aber ward unter
mansus auch noch das Haus, der Hof und die Gärten verstanden; von diesem mansus
unterschied man dann die Hube, das dazu gehörige Ackerland. Wo mansi und hubae
nebeneinander stehen, ist unter den ersten das Haus samt Hof im Dorfe, unter den Huben
dagegen das dazu gehörige Feld zu verstehen. So schenkt man 787 in loco Alirin=
bach hubam et mansum indominicatum und in Raodhaha hubas V et mansos V
(C. L. 13), in loco Phalbach VIII hubas et VIII mansos (C. L. 3460); in Bodi=
bura 873 unter anderem ad exstirpandum hobas XIII. — In der allerweitesten
Bedeutung wurde unter dem mansus das ganze Bauerngut verstanden, oft im Gegensatz
zu curtis, dem Herrenhof. So häufig in unsern Urkunden. Ebenso wird zuweilen
auch das ganze Bauerngut mit Hube bezeichnet. Nach und nach verschwand aller

et servum I (C. L. 3463, Bossert 379). — In villa Alahtorf in Mulibgewe schenken[1]) Glismut und sein Sohn Diterich an Fulda quicquid ibi proprietatis habuerunt, et familiam (Dr. 4, 31). — In villa Stetene übergeben Richart und seine Gattin Hababure proprietates suas cum familia (Dr. 4, 29). — Wahrscheinlich auf Weikersheim bezieht sich die Urkunde W. U. V S. 368: Arnhelm übergiebt 835 „quicquid mihi Ruotboto et coniux eius Ratlind manu potestativa . . . tradiderunt ad praedictum martyrem tradendum, hoc est, quicquid in Unighartesheim proprietatis habere videbantur et in finibus eius" . . . und 6 mancipia an Fulda.

Schon vor der Zeit dieser ältesten Urkunden war allmählich auch der Übergang aus der wilden Feldgras- oder Egartenwirtschaft, einer Bestellungsweise, bei der in unbestimmtem Wechsel Land zur Weide oder zum Ackerbau benutzt wurde, zu einem geregelten Feldersystem oder wenigstens zu einer schlagmäßigen Abteilung des Fruchtfeldes erfolgt[2]). Dieser Fortschritt geschah zunächst in den fruchtbaren, früh kultivierten Gegenden, wie er überhaupt mit Rücksicht auf die größere oder geringere Bodenfruchtbarkeit stattfand. Die wenig leistungsfähige Feldgraswirtschaft zog sich immer mehr auf bestimmte Gegenden, hauptsächlich das südliche Bergland, zurück, wo sich bis auf den heutigen Tag in einzelnen Strichen noch alte sonst ganz abgekommene Wirtschaftsbetriebe erhalten haben[3]). Die mit diesem Übergang zur Dreifelderwirtschaft zusammenhängende Veränderung in der Wiesenkultur kann noch wohl in den Urkunden verfolgt werden[4]). Die neue Wirtschaft reichte nicht mehr mit den Gemeinwiesen und der Weidenutzung aus; die Grundbesitzer bereiteten sich darum Sonderwiesen durch Rodung im Wald und in den sumpfigen Niederungen der Flußthäler (vgl. die Urkunden C. L. 3481 vom Jahr 767, 2417 vom Jahr 774, 3511 aus dem 20. Jahr des Königs Ludwig). Ebenso wie die Wiesen gehen auch Wälder in Sondereigentum über (C. L. 3508 vom Jahr 766; 3506 aus dem 26. Jahr des Königs Ludwig). Weinbau scheint noch sehr selten rechts vom Neckar gewesen zu sein[5]), während von 766 an links vom Neckar

Unterschied zwischen Mansus und Hube, und zuletzt wurden beide Ausdrücke als völlig gleichbedeutend gebraucht. Vgl. Maurer a. a. O. S. 269 ff. Thudichum, Gau- und Markverfassung, S. 168 ff. Schröder, Rechtsgeschichte, S. 198 ff.

[1]) Jedenfalls vor 848 nach W. U. I 115.
[2]) v. Inama I S. 225. 249. Schröder, Rechtsgeschichte S. 46.
[3]) Oberamtsbeschreibung von Ellwangen S. 216. Vgl. Lamprecht D. W.L. I 1 S. 89.
[4]) v. Inama I 405 ff. Schröder, Rechtsgeschichte, S. 412.
[5]) Ein Weinberg wird nur erwähnt in Marlohen (an der Jagst, Dr. 4, 79).

Weinberge häufig erwähnt werden[1]). Und doch sind die in den Urkunden genannten Orte meist dem Weinbau günstig. Da die geistlichen Herrschaften sich mit Eifer auf Gewinnung von Weinbergen verlegten[2]), so sind vielleicht manche kleinere Schenkungen gerade zur Anlage von Weingärten veranlaßt worden.

IV. Die Karolingerzeit.

Auflösung des Standes der Gemeinfreien. Edelfreie. accolae. Sachsenkolonien. Wendenorte. Die Grundherrschaften. Abrundung der Güter durch Tausch. Herrenhöfe und Binshufen. Königliche Domänen. — Von den Grundherrschaften ausgehende Siedlungen. Bifänge. Ausbau des Landes am Ende der Karolingerzeit. Ortsnamen auf -dorf, -hausen, -hofen, -weiler, -bund, -hagen.

Während der Karolingerzeit hat sich die **Auflösung des Standes der Gemeinfreien** endgültig vollzogen[3]), indem die meisten durch Mangel und Not zum Aufgeben der Freiheit und zur Unterordnung unter den Schutz und die Herrschaftsgewalt eines Großen oder einer geistlichen Anstalt bewogen worden sind[4]). Die zahlreichen Vogteien, die in der späteren Zeit genannt werden, sind dadurch entstanden[5]). Die kleinen freien Leute, welche sich unter Auftragung von Land in eine solche Schutzherrschaft begeben hatten, vermengten sich bald mit derjenigen landarbeitenden Klasse, welche sich schon aus der früheren Zeit in den Händen der großen Grundherren befand, mit den Unfreien, zum Stande der Grundholden[6]). Ein Teil der Gemeinfreien aber erhob sich über die alte Freiheit[7]), und wenn auch viele von diesen besseren Freien noch dem Lose der kleineren Gemeinfreien im Lauf der Zeit anheimgefallen sind, so haben sich immerhin in Ostfranken noch bis in spätere Zeiten zahlreiche **Edelfreie** erhalten, welche Grundherren meist kleineren Besitzes gewesen sind[8]). Schon im 9. Jahrhundert wird die Freiheit ausdrücklich in der Urkunde hervorgehoben; es wird ein vir ingenuus Folcuinus nomine in Asbach

---

[1]) P. F. Stälin I S. 169.
[2]) v. Inama I 218.
[3]) v. Inama I S. 226.
[4]) v. Inama I S. 244.
[5]) Schröder, Rechtsgeschichte, S. 436. (Von diesen advocatiae sind zu unterscheiden die Klostervogteien.)
[6]) Lamprecht, Die Entwicklung des deutschen Bauernstandes im Mittelalter. Westd. Ztschr. 1887. S. 21 ff.
[7]) v. Inama I 259 ff.
[8]) Vrgl. Lamprecht, D. W.L. I 1, S. 1164.

im Murrgau genannt (C. L. 3510, im 30. Jahr des Königs Ludwig). Im Comburger Schenkungsbuch (W. U. I S. 395) wird quidam preclare ingenuitatis vir, Adelbertus nomine de Bilrieth genannt, 1136 ein Hartmannus . . libere conditionis in Sechselbach (W. U. IV S. 349), 1149 quedam libere condicionis matrona, nomine Mechtbildis; ferner treten als Edelfreie auf die Herren von Bebenburg (1157, W. U. II 358: quidam nobilis homo, Wolfram videlicet de Bebenburc), von Hohen= lohe (1182, Hanßelmann, Landeshoheit I, S. 371, Anh. Nr. XI: Alber- tus de Hohenloch, liberae conditionis homo), von Aschhausen (1194, W. U. II 486: Conradus de Aschehuszen, libere condicionis homo), von Krautheim (1222, W. U. III 661: Cuonradus de Crutheim libere condicionis), von Langenberg (1225, W. U. III 690: a nobili viro Heinrico de Langenberc), von Bocksberg 1231, W. U. III 791 nobilis vir de Bokesberc); und außer diesen kann man noch aus den Zeugen= reihen der Urkunden eine stattliche Reihe von Edelfreien im württem= bergischen Franken aufzählen, da zu Zeugen bis tief in das 12. Jahr= hundert hinein mit Vorliebe Freiherren gewählt worden sind[1]). Im ganzen aber scheint sich die Auflösung des Gemeinfreienstandes in unserem Landstrich besonders rasch und gründlich vollzogen zu haben, im Unter= schied vom alamannischen Lande. Der Grundbesitz zog sich in immer weniger Hände zusammen[2]). Das einzige Dorf, in welchem sich die alte Gemeinfreiheit zum Teil bis ins späte Mittelalter erhalten hat, ist Alt= hausen östlich von dem 807 (W. U. I 62) als königliches Lehen genannten Üttingshof[3]).

[1]) Vrgl. H. Bauer, Wirtembergisch Franken VIII (1868) S. 167 ff.
[2]) v. Inama I S. 260. 288.
[3]) Freie finden sich noch in späterer Zeit besonders häufig in alten Fiskus= gebieten. Vrgl. Lamprecht, D. W.L. I S. 1153. Das Wesen ihrer Freiheit war freilich nicht mehr das alte. Denn im 10. bis 14. Jahrhundert suchten die noch vorhandenen spärlichen Reste von Altfreien, welche sich aus dem Verfall der Gemeinfreiheit bis auf diese Zeit hindurch gerettet hatten, fast ohne Ausnahme eine Schutzherrschaft gegen bloße Gewährung eines Zinses oder einer Rente zu erhalten (Lamprecht, Westd. Zeit= schrift 1887 S. 21. Schröder, Rechtsgeschichte S. 435 Anm. 78). Die „bescheidenen Leute und die Gebauerschaft gemeinliche" in Althausen hatten später noch das Recht, sich einen Heimbürgen (einen Bürgermeister) zu setzen, sie hatten noch die niedere Jagd und zahlten nur Reichssteuern; aber ihre gerichtlichen Befugnisse verschwanden vor der Macht des über ihnen stehenden adeligen Richters; ihrer politischen Rechte entkleidet, wurden sie zuletzt Unterthanen der über ihnen stehenden Territorialgewalt, des Deutschen Ordens. (Vrgl. Lamprecht, D. W.L. I S. 1153 ff. Maurer, Geschichte der Dorfver= fassung in Deutschland II S. 364 ff. — Schliz, Das ehemalige Reichsdorf Althausen bei Mergentheim u. s. w., Wirtemb. Franken IX 1855. S. 43 ff. Beschreibung des Oberamts Mergentheim S. 444 ff.)

Einen gewissen Einblick in die Bevölkerungsverhältnisse Ostfrankens gewähren uns die Würzburgischen Immunitätsurkunden. Würzburg hatte ja auch in unserem Gebiete mannigfache Güter und Rechte[1]). Es geht aus den echten Urkunden, die uns von 822 bis 1025 erhalten sind, hervor, daß das Würzburger Hochstift neben den Grundholden auch abhängige freie Leute (accolae) auf seinem Gebiete sitzen hatte[2]). Solche accolae werden auch 787 in der Schenkung des Klosters Baumerlenbach an Lorsch (W. U. IV S. 318. C. L. 13) als Zubehör der dortigen Güter neben den mancipia genannt[3]). In den um die Mitte des 11. Jahrhunderts interpolierten[4]) Immunitätsurkunden werden von den accolae besonders die Sachsen und die Bargilden herausgehoben[5]). Die Bargilden werden noch bei der Anerkennung des Würzburger Herzogtums im Jahr 1168 als in den Graffschaften des Würzburger Sprengels sitzend erwähnt[6]). Jedenfalls hatten sich also noch bis in spätere Zeit freie Grundeigentümer bäuerlichen Standes, wenn auch mit einer gewissen Abgabenpflicht, in Ostfranken erhalten.

---

[1]) Vrgl. Ch. F. Stälin I 597.

[2]) Monum. Boic. XXVIII 1, 10. Sickel, Acta Karol. L. 1888: homines ipsius ecclesiae sive accolas (von 822). M. B. XXVIII 1, 68: homines ipsius ecclesiae sive accolas vel Sclavos (von 889). M. B. XXVIII 1, 170: homines ipsius ecclesiae liberos vel servos (von 993). M. B. XXVIII 1, 275: homines ipsius ecclesiae tam Francos quam servos et Sclavos (von 1012). M. B. XXIX 1, 324 (von 1025). Vrgl. Henner, Die Herzogliche Gewalt der Bischöfe von Würzburg. 1874. S. 67 ff. Stein, Geschichte Frankens II S. 321 ff.

[3]) Der deutsche Name für accola ist Landsiedel (Schröder, Rechtsgeschichte S. 207 Anm. 71, S. 435 Anm. 79). Damit mag der Name des Dorfes Lendsiedel OA. Gerabronn zusammenhängen (W. U. III 783 von 1231: jus patronatus ecclesie in Lantsideln).

[4]) Stumpf, Die Würzburger Immunitätsurkunden S. 16. Stein, Geschichte Frankens II S. 324.

[5]) M. B. XXVIII 1, 175: eiusdem ecclesiae servos vel Sclavos sive parochos quos bargildon dicunt seu Saxones qui Northelbinga dicuntur sive ceteros accolas pro liberis hominibus in eiusdem ecclesiae praediis manentes, qui se vel sua novalia ex viridi silva facta in jus et dictionem praedictae ecclesiae traderent vel adhuc tradere vellent (von 996). Unter Bargilden sind die grafenschatzpflichtigen Freien gemeint, die im Vollbesitz ihrer Freiheit und ihres Eigens geblieben waren, aber die Abgabe der Heersteuer zu entrichten hatten (Schröder, Rechtsgeschichte S. 212. 484). Die Würzburger Kirche beanspruchte durch die Interpolation, über diese Bargilden nicht erst kraft ihrer Grafenrechte, sondern schon durch ihre Immunitätsrechte Gewalt zu haben.

[6]) M. B. XXIX 1, S. 335 ff.: hoc excepto, quod comites de liberis hominibus, qui vulgo bargildi vocantur, in comitiis habitantibus statutam justitiam recipere debent.

Mehrere Ortsnamen in den Oberämtern Mergentheim und Backnang weisen darauf hin, daß von den Sachsen, die Karl der Große 794—804 aus ihrer Heimat fortführen ließ, um ihnen zerstreute Wohnsitze innerhalb des Frankenreichs anzuweisen [1]), manche auch ins württembergische Franken gekommen sind [2]). Es sind die Orte Neutsachsen, Gemeinde Blumweiler (1260 Richetensachsen) [3]) im Oberamt Mergentheim, Sechselberg (1027 Sassenberg, W. U. I 218), und Sachsenweiler (Gemeinde Unterweissach (1245 Sachsenwiler, W. U. IV 1040), im Oberamt Backnang. Diese Sachsendörfer haben jedenfalls auch mit zur Kolonisation des Waldlands gedient. Aus den interpolierten Würzburger Immunitätsurkunden ist zu schließen, daß die Sachsen der Würzburger Diözese hauptsächlich nordelbingischen Stammes waren [4]).

Die Ortsnamen lassen auch auf Ansiedlungen von Wenden im württembergischen Franken schließen, wie solche auch sonst im westlichen Deutschland nachgewiesen sind [5]). Wir wissen aus einer Bestätigungsurkunde Arnulfs v. J. 889 [6]), daß schon zur Zeit Karls des Großen zwischen Main und Rednitz zahlreiche Slavenkolonien waren; man wird die Wendenorte unseres Gebiets wohl erst von diesen Slavensiedlungen ausgehend zu betrachten, also jedenfalls nicht vor dem 9. Jahrhundert anzusetzen haben. Ja ein Teil mag erst späterer Zeit angehören, als seit Otto dem Großen die Unterwerfung des slavischen Ostens raschere Fortschritte machte und kriegsgefangene Wenden in größerer Zahl nach dem inneren Deutschland verpflanzt wurden [7]). Aus den Namen darf man nämlich schließen, daß die Orte verhältnismäßig später Zeit angehören. Es sind die Orte: Etzlenswenden, Gemeinde Beilstein; *Althenwineden (wahrscheinlich in der Waldgegend östlich von Gailorf, 1085, W. U. I S. 395); Winden (1350,

---

[1]) v. Inama I S. 211.

[2]) Davon mag auch der Name der Sachsenstraße bei Oberkessach rühren (Oberamtsbeschreibung von Künzelsau S. 216).

[3]) Oberamtsbeschreibung von Mergentheim S. 473. Ob auch Sechselbach Gemeinde Waldmannshofen (1136 Seesselbach, W. U. IV 349), ist zweifelhaft.

[4]) Vrgl. Henner, Die herzogliche Gewalt u. s. w. S. 82 ff. Stein, Geschichte Frankens II S. 258.

[5]) Bensen, Historische Untersuchungen über die ehemalige Reichsstadt Rotenburg, 1837. S. 19 ff. Bacmeister, Alem. Wanderungen S. 150 ff.

[6]) M. B. XXVIII 1, 70: . . ut in terra Sclavorum, qui sedent inter Moinum et Radantiam fluvios, qui vocantur Moinuvinida et Radanzvinida, una cum comitibus, qui super eosdem Sclavos constituti erant, procurassent, ut ibi sicut in ceteris Christianorum locis aecclesiae construerentur, quatenus ille populus noviter ad christianitatem conversus habere potuisset, ubi et baptismum perciperet etc.

[7]) Arnold S. 488. Vrgl. auch Stein, Geschichte Frankens II S. 217 ff.

Heufelwinden bei Gammesfeld); Nieder- und Oberwinden (bei Roth am
See); Traisewinden (Dreischwingen bei Niederstetten)¹). Die Zusammen-
setzung mit deutschen Personennamen weist darauf hin, daß diese Slavensiedlungen von deutschen Grundherren ausgegangen sind²). Weitere Orte
sind: Windisch-Bockenfeld und Windisch-Brachbach (Oberamts Gerabronn),
Windisch Hobach (1306, Windischenhof Oberamts Künzelsau), Windischen
Pfedelbach (1364, Windischenbach Oberamts Öhringen); die Namen be-
sagen, daß diese Niederlassungen von den Orten Brachbach, Bockenfeld (in
Bayern), Hohebach, Pfedelbach aus oder auf deren Markung angelegt
worden sind.

  Immerhin waren die Grundherrschaften überaus zahlreich;
aber sowohl der kirchliche Besitz, der sich besonders durch die zum Teil
beträchtlichen Schenkungen gebildet hatte, als der weltliche Großgrundbesitz war durchaus nicht abgerundet, was nach der Art der Erwerbung
nicht anders sein konnte; die einzelnen einem Grundherrn gehörenden
Güter lagen in vielen Orten zerstreut³). Durch die Besitzveränderungen,
die in einzelnen Dorfmarken während weniger Jahre oft sehr zahlreich
gewesen sind, hat sich das Wesen der Markgenossenschaften verwandelt⁴).
In den meisten alten Dörfern ist es keinem Grundherrn gelungen, die
ganze Dorfmark zu erwerben⁵); die durch das Band der gemeinen Mark
zusammengehaltenen Genossen waren an verschiedene Herrschaften durch
Zinsgut oder Lehen geknüpft⁶). Es läßt sich dieses Verhältnis aus
späteren Urkunden für einzelne Marken noch wohl verfolgen. In Bieringen
z. B. erscheinen später außer dem Bischof von Würzburg (1228, W. U.
III 732) noch die Edelfreien von Langenberc (1222, W. U. III 659,
aus dem Bielriether Erbe), von Crutheim (1222, W. U. III 661, predium
meum quod emeram a domino Cuonrado de Clingenfels patruo meo),
von Bockesberc (um 1228, W. U. III 731) begütert; das zu Bieringen
gehörige Weltersberg (mons qui vulgariter dicitur Belthersberg) war
reichslehnbar (1234, W. U. III 857). In Mergentheim haben Besitz die
Edelherren von Langenberc (1226, W. U. III 707, 708), von Egers-
perge (1227, W. U. III 726), von Honloch (Hohenlohe, 1220, W. U.
III 641; 1228, W. U. III 733), von Jaghesperch (Jagstberg, 1229,

---

  ¹) Einzelne von diesen könnten freilich auch von vinithi, abgeleitet von vinja
Weide, genannt sein. S. Arnold a. a. O.
  ²) Bocmeister S. 148. Arnold S. 489.
  ³) Maurer, Einleitung S. 230. Lamprecht, D. W.L. I 2 S. 697. 705.
  ⁴) Schröder, Rechtsgeschichte S. 409.
  ⁵) Waitz, V.G. II 2 S. 217. Maurer, Einleitung S. 233. 235.
  ⁶) v. Inama 1 S. 267.

W. U. III 754). In den Markgenossenschaften, in welchen die Abeligen nur einzelne Güter besaßen, sind sie einfach Mitmärker geblieben¹); wo aber ein Grundherr einmal die Mehrzahl der Hufen einer Gemarkung unter sich gebracht hatte, konnte er über die Markgründe der Hauptsache nach verfügen²). Der ursprüngliche Gegensatz zwischen den zu Nachbar= recht angelegten Dorfsfluren und den geschlossenen Herrenhöfen und Sal= gütern wurde verwischt. Auch die Herrenhöfe wurden allmählich ganz zu grundherrlichen Dörfern, indem auch hier das Hufensystem Eingang fand, und die Mehrzahl der Hufen gegen Zins und Dienste verliehen wurde³). In manchen alten Dorfschaften aber ist es einem Grundherrn gelungen, nach und nach alle Höfe an sich zu raffen, so daß er der ein= zige Grundherr der Mark war, und die Markverfassung in die Hofver= fassung überging⁴). Daher mag es kommen, daß alte Markdörfer später zu Höfen geworden, wie Willenheim (Willenbach), andere wie Wachalinga und Wulfinga ganz verschwunden sind⁵).

Diese Zustände haben das Streben veranlaßt, durch Tausch (concambium) eine bessere Anordnung des Besitzes herbeizuführen; ein Mittel, dessen sich besonders die Könige und die großen geistlichen und weltlichen Grundherrschaften bedient haben⁶). Und zwar haben diese sowohl kleineren Besitz in den einzelnen Dörfern gegenseitig ausgetauscht als auch ganze Herrschaftshöfe und Dörfer gegen solche in anderen Gegenden hingegeben. Bei der Spärlichkeit der Urkunden des 9. und 10. Jahrhunderts ist es wohl nicht unangemessen, sämtliche in den Ur= kunden dieser Zeit genannte Vertauschungen aufzuführen, um die wirt= schaftlichen Verhältnisse dieser Zeit zu veranschaulichen.

Schon im Jahre 785 tauscht der Abt Helmerich von Lorsch einen mansus in Offenau gegen einen einer Frau Herrab in der Eisisheimer Mark gehörigen aus (C. L. 2719, Bossert 179). — Der Abt Baugulf⁷) von Fulda giebt dem Grafen Burchwart aream in villa Zutilingen, et ille e contra duplicem donationem dedit (Dr. 4, 35). — Im 24. Jahr des Königs Ludwig (856) tauscht der Abt Eigilbert von Lorsch mit einem Manne, Namens Salemann, in pago Cochengowe in villa Wachlinga

---

¹) v. Inama I S. 272.
²) v. Inama I S. 268.
³) Schröder, Rechtsgeschichte S. 406 ff.
⁴) Maurer, S. 232 Arnold S. 601 ff.
⁵) Vgl. in comitatu Heinrici comitis ad Woluingun 1042 (W. U. I 224).
⁶) v. Inama I S. 299. 300.
⁷) Der zweite Abt des Klosters, von 779—802; vrgl. Wattenbach, Deutschlands Geschichtsquellen im Mittelalter, 5. Aufl. S. 216.

jurnales V de terra aus (C. L. 3464, Bossert 380). — In Asbach im Murrgau giebt im 30. Jahr des Königs Ludwig (nach Bossert 862) Abt Eigilbert von Lorsch einem freien Mann, Namens Folcvin, pratum I gegen 12 jurnales in Attunstete (C. L. 3510, Bossert 416). — Im Brettachgau in villa Butinga gab im 15. Jahr des Königs Ludwig (854) vir quidam Savalo nomine CX jurnales gegen CXXV jurnales in pago Trachgowe in villa Ucchinga[1]) an den Abt Samuel von Lorsch (C. L. 3618, Bossert 461). — Karl der Große mit seiner unsichtigen Wirtschaftspolitik hat diesen Besitzwechsel gefördert, und den Trägern königlicher Benefizien und den Kirchen diese Abrundung ihres Besitztums gestattet, wenn er auch stets Kenntnis von den beabsichtigten Veränderungen nehmen wollte[2]) (W. U. I 62. Si enim ea quae fideles regni nostri pro eorum oportunitatibus inter se commutaverint vel concamiaverint, nostris confirmamus aedictis, regiam exercemus consuetudinem, et hoc inpostmodum iure firmissimo mansurum esse credimus). Er gestattet 807, daß Graf Audulf königliche Lehen im Taubergau gegen Güter des Bischofs von Würzburg im Gollachgau austausche (W. U. I 62: Igitur notum sit ..., qualiter vir venerabilis Agiluuardus Uuirziburgensium urbis ecclesiae episcopus necnon etiam et Audulfus gloriosus comis missa petitione innotuerunt celsitudini nostrae, eo quod ipsi aliquas res pro eorum opurtonitatae inter se commutassent vel concamiassent. Dedit igitur iam dictus vir Agiluuardus venerabilis episcopus de rebus monasterii sui ... praedicto viro Audulfo glorioso comiti ad partem nostram ecclesia una in villa quae vocatur Fridunbach, quae est in pago cuius vocabulum est Colloguoc ... Similiter in conpensatione huius meriti dedit iam dictus Audulfus comis per nostrum comiatum de eius beneficio suprascripto viro Agiluuardo venerabili ecclesia una in pago Dubragaoe, in villa ... Sciffa. Et in alia villa quae vocatur Odinga in ipso pago ... quantumcunque Hundulfus quondam in ipso comitatu Audulfi visus fuit habere, et filius eius Agilulfus presbiter adhuc habere visus est). — Im Jahre 846 tauscht Abt Hatto von Fulda an König Ludwig Güter an der Jagst gegen solche in Eitrungfeldono marcha[3]) aus (W. U. I 113: ego Hatto .. abba .. domno Hludovvico serenissimo regi secundum suam licentiam in tribus villulis, quae nuncupantur Zutilinga et Uuillibereshus et Thuna,

---

[1]) Iggingen, Oberamts Gmünd.
[2]) v. Juama I S. 301.
[3]) Eiterfeld in der Provinz Hessen-Nassau.

omnia et ex omnibus quicquid in praescriptis villis et marchis ad eas pertinentibus vel aspicientibus ad praefatum monasterium tenere visus fui, praeter unum curtilem, et in Mechitamulinero marcha de terra curtilem unum . . domno Hludovico glorioso regi ad suum proprium perpetualiter tenendum tradidi, ea videlicet ratione etc. vgl. Dronke, Cod. dipl. Fuld. S. 247 Nr. 534). — 848 tauschen derselbe Abt und Graf Sigehard Güter im Gau Wingartelba und im Kocher- und Maulachgau gegeneinander aus (W. U. I 115: . . iure concambii . . . non tam commutandarum rerum utilitate provocati quam praeteritorum beneficiorum, quae inter se saepe mutuo contulerant, recordatione illecti . . . E contrario autem in recompensatione illa dedit praefatus abbas Hatto . . de rebus sancti Bonifacii praedicto Sigihardo comiti, sicut postulavit, in pago Cochingovve in duabus villis, id est in Rotaha et in Vuestheim, et in Mulahgovue in villa vocabulo Alabdorp, quicquid in eis et in omnibus adiacentiis earum proprietatis habuit ecclesia Fuldensis . . ., totum et integrum, sicut eatenus idem Sigehardus comes easdem res in beneficio praefati abbatis habuit, et per manum advocati sui Gundalahi tradidit ei proprietatis iure perpetuo possidendum . .)[1]).

Trotz alledem aber wird man bei dem weitverbreiteten Streubesitz der Grundherrschaften annehmen müssen, daß die Herrenhöfe sehr häufig die ihnen untergeordneten Huben auch an andern Orten hatten als an dem Orte, wo sie selbst sich befanden[2]). Auf dem Herrenhof (curtis oder curtis dominica) und dem dazu gehörigen Grundbesitz, der terra salica oder indominicata, wurde von der Grundherrschaft auf eigene Rechnung die Wirtschaft geführt, teils mit den eigenen Leuten des Frongutes, teils mit Hilfe der Fronden, die von den als Zinshufen (mansi) hingegebenen Ländereien geleistet werden mußten[3]). Der eigentliche Bauernstand wurde nun von der Masse der grundhörigen Leute gebildet[4]). Solche Herrenhöfe werden schon im 8. Jahrhundert in unserem Landstrich genannt. Im Jahr 787 schenkt Hiltisnoot in ipsis locis iam dictis (sc. in pago Brethachgowe, in Wachelincheimere marca et in Magelingunin marca in loco nuncupato Alirinbach) huobas serviles XV et huobam et mansum indominicatum vel quicquid ad ipsos mansos

---

[1]) In einem weiteren Tausch zwischen dem Grafen Abalhard und dem Abt Huoggi von Fulda aus den Jahren 904—906 wird auch Larbah im Gollachgau (Lohrhof) genannt. (Dronke, Cod. dipl. Fuld. num. 650).
[2]) Lamprecht, D. W.L. I 2 S. 739 ff.
[3]) v. Inama I S. 303.
[4]) v. Inama I S. 373.

vel hubas aspicit ... cum adiunctis adiacentiis, mancipiis, accolis, peculio utriusque sexus maiore vel minore, mobilibus et immobilibus, omnia et ex omnibus, re inexquisita cum omni suppellectili ... (C. L. 13, W. U. IV S. 318). Ihr Bruder Morlach schenkt 795 in pago Cochengowe in Wachalingheimer marca .. in loco Phalbach VIII hubas et VIII mansos et I mansum indominicatum .. (C. L. 3460, Bossert 376). Im 36. Jahre des Königs Ludwig (869) schenken Gobetanchus und Dragebobo in villa Gruonowa mansum I cum edificiis et ecclesiam I et mansos serviles VI et silvam .. (C. L. 3506, Bossert 412). Ganz besonders lehrreich ist die Urkunde W. U. I 147, nach welcher Abo und seine Gemahlin Detba 873 Eigentum im Murrgau an den heiligen Cyriakus in Neuhausen bei Worms schenken: .. hoc est quod donamus in pago supra dicto in marca vel in villa Bodibura curtim dominicam cum aedificiis et sepibus bene vestitam. Ab uno latere eiusdem curtis, id est ab australi parte, pertinet ad monasterium Murrahart, et aliis quoque lateribus res eiusdem hereditatis contiguae sunt. Et ad eandem curtim dominicam pertinent jurnales LXXX, insuper hobae serviles XVIIII. Et ad unamquamque hobam pertinent jurnales XLV, de pratis ad singulas hobas carratas V [1]), et ad exstirpandum hobas XIII, seu quicquid ad nostram hereditatem in eadem marca vel villa legitime pertinere videtur ... exceptis iurnales X et mancipia XXX [2]).

Als königliche Domänen (fisci dominici) werden uns 889 Heilbronn und Lauffen (Heiligbrunno et Loufin) in der Bestätigungsurkunde Arnulfs für das Bistum Würzburg genannt (W. U. I 165). Heilbronn war als Palatium für die Haus- und Hofhaltung des Kaisers eingerichtet [3]). Im Unterschiede von den andern Grundherrschaften waren die Fiskalgebiete territorial viel mehr geschlossen und von ziemlicher

---

[1]) Unrichtig ist die Lesart im W. U.: jurnales XLV de pratis, ad singulas etc.

[2]) Zu diesem Herrenhof haben jedenfalls 80 Morgen gehört; der zu den Herrenhöfen gehörige Grundbesitz war übrigens dem Ausmaße nach sehr verschieden. (Inama I S. 308.) Diesem Fronhof waren ferner 19 hobae serviles unterstellt, dazu kommen noch ad exstirpandum hobae XIII. Zu jeder hoba servilis gehörten 45 Morgen, abgesehen von den Wiesen. Man wird daraus übrigens kaum schließen können, daß die Zahl von 45 Morgen in unserem Gebiet das gewöhnliche gewesen sei; Bollwar liegt schon zwischen den Bergen.

[3]) Nach einer Urkunde vom 18. August 841 (Böhmer-Mühlbacher, Reg. Imp., I S. 522 Nr. 1331; Mon. Boic. XI 107: Heilieprunno palatio regio). Vgl. Jäger, Geschichte der Stadt Heilbronn. 1828. S. 26. Dümmler, Geschichte des ostfränkischen Reichs I². 1887. S. 162.

Ausdehnung ¹). Wenn darum später in der Nähe von Lauffen und Heilbronn Besigheim (Basincheim 1153, W. U. II 345), Kirchheim (Kirihheim 1003, W. U. I 204), Ilsfeld (Ilisfelt 1102, W. U. I 262), Flein, Untergruppenbach, Böckingen, Biberach ²) als Reichsgut genannt werden, so mag das schon in alte Zeit zurückreichen. Die Verwaltung der königlichen Domänen war durch die Villenverfassung Karls des Großen geregelt ³).

Der Ausbau des Landes durch fortgesetzte Waldrodung, wie er sich in der Merovingerzeit langsam aber stätig vollzog, setzte sich auch unter den Karolingern noch lange in gleicher Weise fort⁴). Aber neben der Gründung neuer Orte in der Mark geht in der Karolingerzeit eine Erweiterung der Dorffluren und eine Vermehrung des zu den einzelnen Hufen gehörigen Ackerlands her; besonders die Grundherrschaften haben ein dichteres Zusammenwohnen begünstigt ⁵). Seit dem 8. Jahrhundert haben nun aber die großen Grundherren die Rodung und Kolonisation in die Hand genommen, und damit verändert die Ansiedlung ihren Charakter⁶). In den Lorscher Urkunden unseres Gebiets aus dem 8. Jahrhundert wird unter den zahlreichen Pertinenzien, die in langer Reihe aufgeführt werden, terra inculta nur einmal genannt (771, C. L. 2910: terra culta et inculta). Da diese Ausdrücke durchaus keine leeren Formeln sind ⁷), so darf man daraus schließen, daß damals noch kein besonderer Wert darauf gelegt worden ist. Aber schon im 9. Jahrhundert begegnet uns die Rodung öfters in den Urkunden; hieher gehört auch, daß von jetzt an unter dem Zubehör der Güter genannt werden terrae cultae et incultae, quaesitum et ad inquirendum (846, W. U. I 113). Es ist die allgemeine Anlegung von Neubrüchen im Wald durch die Grundherrschaften, welche für dieses und die nächsten Jahrhunderte charakteristisch ist: diese Bifänge werden durch Einfriedigung zunächst als zur Rodung bestimmt bezeichnet ⁸), und die Grundherren haben auch für dieses Rottland die Aussonderung aus der Mark mit ihrer Vorschrift gemeiner Trift durchgesetzt ⁹). Ein solcher Bifang wird 832 erwähnt (C. L. 3512,

---

¹) Lamprecht, D. W.L. I 2 S. 713 ff. Schröder, Rechtsgeschichte S. 415.
²) S. Oberamtsbeschreibung von Heilbronn.
³) v. Inama I S. 321 ff.
⁴) v. Inama I S. 207. Schröder, Rechtsgeschichte S. 412.
⁵) v. Inama I S. 221.
⁶) v. Inama I S. 208.
⁷) Maurer, Einleitung S. 26.
⁸) Lamprecht, D. W.L. I 1 S. 123. Schröder, Rechtsgeschichte S. 199.
⁹) Lamprecht, D. W.L. I 1 S. 389.

Bossert 418): Gumbuin und Truthlint schenken an das Kloster Lorsch in Steinheim I bifangum ad hubas XXX et mancipia VI[1]). Ferner sind als Bifang zu betrachten die XXX hobae de terra inculta, welche im 36. Jahr des Königs Ludwig (868 nach Bossert) in Gronau an Lorsch geschenkt werden (C. L. 3506, Bossert 412); ferner jene ad exstirpandum hobae XIII in Bodibura, welche 873 als Zugehör des geschenkten Fronhofs genannt werden (W. U. I 147). In solchen Bifängen, die oft einen sehr bedeutenden Umfang hatten, sind nun von den Grundherren, besonders dem vornehmen Abel[2]), neue Orte gegründet worden. Man legte auf dem Bifang einen Salhof an und begann von diesem aus unter Heranziehung höriger Kräfte den allmählichen Flurausbau[3]). Die Zinshöfe entstanden entweder rings um ihren Fronhof, oder auch in größerer oder geringerer Entfernung von ihm, so daß später mehrere Dörfer unter demselben Herrenhof standen[4]). Die größeren Grundherren waren zu solchen Dorfanlagen gezwungen, wenn anders sie aus den großen unkultivierten Strecken, die sie besaßen, irgend einen Nutzen ziehen wollten[5]). **Die meisten heute noch bestehenden Dörfer oder Weiler in unserem Gebiet sind solche Dorfanlagen auf herrschaftlichem Grund und Boden.**

Andere Ausdrücke für Bifang sind **biunda**[6]) und **hagon**, mit denen als Grundwörtern mehrere Ortsnamen gebildet sind. Daß einzelne Bifänge schon in frühe Zeit zurückreichen, zeigt der Name der villa Helmanabiunde, die 797 im Brettachgau genannt wird (C. L. 3537, Bossert 438). Auch der, wie man aus dort gefundenen Reihengräbern schließen darf, alte Ort Bitzfeld (Bitzefeld 1255, W. U. V 1322) mag hieher gehören; denn Bitze (bizzuma, Dr. 2, 186) bedeutet ein eingezäuntes Gut[7]).

---

[1]) Hierher dürfte auch der Flurname „Bivang" auf der Markung von Sindelsdorf, Oberamts Künzelsau, gehören. (Nach der topogr. Karte.)

[2]) Lamprecht, D. W.L. I 2 S. 698.

[3]) Lamprecht, D. W.L. I 1 S. 135.

[4]) Maurer, Einleitung S. 263. — 1125 wird ein um 100 Talente gekauftes predium apud Rintbach (Rimbach) cum adherentibus sibi villulis genannt (W. U. I 285).

[5]) Maurer, Einleitung S. 253.

[6]) Im allgemeinen verstand man unter biunda überhaupt eingefriedigtes Rottland in der Almende, im engeren Sinn aber nur das der Grundherrschaften, das nicht wie die Fronländereien mit den eigenen Arbeitskräften des Herrenhofs, sondern im Gesamtdienst der frondienstpflichtigen Bauern bestellt wurde. Schröder, Rechtsgeschichte S. 413.

[7]) Arnold S. 256. S. Buck, Flurnamenbuch.

Sehr häufig erhielt die neue Dorfanlage den Namen des Grund=
herrn, wenn auch die in den Bestimmungswörtern der Ortsnamen ge=
nannten Personen selten urkundlich nachgewiesen werden können. Ein
Willihere schenkt sein Eigentum Mechitamulin in villa Zutilingen an
Fulda (Dr. 4, 34). Nach Dr. Cod. dipl. Fuld. 534 (W. U. I 113)
vertauscht dieses Kloster 846 an König Ludwig Besitz in tribus villulis
quae nuncupantur Zutilinga, Willibereshusen et Tunnaba . . Man
darf annehmen, daß das geschenkte Eigentum des Willihere eben dies
Willihereshusen war. 807 wird der Taubergaugraf Aubulf genannt
(W. U. I 62), der Seneschall und Küchenmeister Karls des Großen war
und 819 starb[1]); nach ihm mag Abolzhausen (1182 Otelvcshusen, Haußel=
mann Landeshoheit I S. 371 Nr. IX) benannt sein[2]).

Von dem Ausbau des Landes dürfen wir selbst am Schluß
der Karolingerzeit keine zu großen Vorstellungen haben, wenn auch
allenthalben und oft sehr stark gerodet wurde[3]). Die einzelnen Teile
unseres Gebietes waren nach ihrer Besiedelung sehr verschieden entwickelt.
Jedenfalls ist aber nun das südliche Bergland stärker kolonisiert worden,
wir wir schon aus den in der Gegend des Bottwarthales (in Steinheim,
Bottwar und Gronau) genannten Bifängen schließen dürfen; auch die
Stiftung des Klosters Murrhardt im 9. Jahrhundert mag die Urbar=
machung mancher Wildnis im Gefolge gehabt haben. Gewiß wurde jetzt
energisch auch auf dieses Waldland, soweit es nicht schon im Besitze
anderer Grundherren war, der Grundsatz des Königsrechts auf herrenloses
Gut angewandt[4]); noch im 11. Jahrhundert erscheint der Wald um
Murrhardt als königlicher Besitz (bis 1027, W. U. I 218). Da beim
Beginn der Karolingerzeit die Kolonisation dieses Waldlands noch ganz
wenig in Angriff genommen war, so darf man ohne Bedenken behaupten,
daß alle weiteren Rodungen in diesen Waldbergen durch die Grundherr=
schaften stattgefunden haben[5]). So erklärt sich eine sonst sehr auffallende
Thatsache. In dem Bergland jenseits der Stammgrenze, im schwäbischen

---

[1]) Ch. F. Stälin I S. 332.
[2]) Oberamtsbeschreibung von Mergentheim S. 437.
[3]) Vgl. v. Inama I S. 224.
[4]) Vgl. v. Inama I S. 220. 280.
[5]) Von dem Großgrundbesitz in diesem Waldland geben ein gewisses Bild die
Urkunden W. U. I 147 vom Jahr 873, wo es von der ausgedehnten curtis dominica
in marca vel in villa Bodibura heißt: Ab uno latere eiusdem curtis, id est ab
australi parte, pertinet ad monasterium Murrahart, et aliis quoque lateribus
res eiusdem hereditatis contiguae sunt, ferner W. U. I 219 vom Jahr 1027, wo
12 (edle) provinciales namentlich aufgeführt sind, die in dem Wald um Murrhardt
eine communio venationis gehabt hätten.

Drachgau, gab es sehr viele vollfreie, auf freieigenen Gütern sitzende Bauern, die sich bis ins spätere Mittelalter in dem Gericht der Siebzehner und in den freien Leuten der Waibelhube erhielten[1]); auch im Ries gab es, allerdings nur vereinzelt, freie Bauern bis in die neuere Zeit[2]). In Schwaben hat sich eben die Auflösung des Standes der Gemeinfreien und die Bildung der Grundherrschaften später vollzogen als in Ostfranken, und so hat die Besiedlung des schwäbischen Berglands zum großen Teil noch durch Gemeinfreie stattgefunden. Nördlich von der Stammgrenze im fränkischen Waldland fehlt jede Spur freier Bauern in späterer Zeit. In diesen Waldbergen hat wohl die Bildung von Einzelhöfen vorgewiegt. Im allgemeinen aber ist die grundherrschaftliche Besiedlung des Landes nach Dörfern oder Weilern vor sich gegangen. Die Markungen dieser späteren von der Grundherrschaft angelegten Dörfer sind bedeutend kleiner als die großen Marken der älteren Zeit; ein Unterschied, der sich meist bis zum heutigen Tag erhalten hat.

Dem allmählichen Ausbau des Landes hat auch die Zerschlagung der großen Urpfarreien in kleinere Pfarrbezirke und damit die Gründung von weiteren Pfarreien neben den Urpfarreien entsprochen[3]).

Die Grundwörter der Ortsnamen, mit welchen Ansiedlungen auf grundherrschaftlichem Boden benannt wurden, sind besonders =dorf, =hausen, =hofen, weiler, =bund, =hagen, ohne daß damit gesagt wäre, daß alle diese Grundwörter nur grundherrschaftlichen Orten angehören können. Neben diesen Endungen sind ferner die Grundwörter =bach, =bronn, =berg, =thal u. s. w. auch für diese von den Grundherrschaften ausgehenden Siedlungen durchaus in Geltung geblieben.

Wir haben im württembergischen Franken rechts vom Neckar 28 Ortsnamen auf =dorf. Die Bedeutung des Wortes ist die einer Anzahl Häuser, einer gemeinschaftlich von mehreren bewohnten Niederlassung. Die Orte gehen zum Teil in frühere Zeit zurück[4]). Wenn aber die Ortsnamen mit diesem Grundwort, in dessen Begriff notwendig eine Mehrzahl von Familienwohnungen liegt, meistens als Bestimmungswort einen Personennamen haben, also nach den Gründern oder Eigen-

---

[1]) Oberamtsbeschreibung von Gailorf S. 75. 114. 115. Baumann, Die Gaugrafschaften im wirtenbergischen Schwaben S. 95 ff.

[2]) Oberamtsbeschreibung von Ellwangen S. 313.

[3]) Vgl. auch Lamprecht, D. W.L. I S. 250.

[4]) In Großaltdorf und Eutendorf, Oberamts Gailorf, finden sich Martinskirchen, in Musdorf eine Michaelskirche. Großaltdorf, Oberamts Hall, wird bei Dr. 4, 31 und später im Jahr 848 (W. U. I 115) genannt, Sindelsdorf (Sonnendorf) 996 (W. U. VI S. 433).

tümern der Niederlassung benannt sind, so darf man daraus schließen, daß die meisten Niederlassungen auf =dorf grundherrschaftliche, und die Bewohner Grundholden gewesen sind, die demselben Herrn gehörten[1]). Auffallend ist, daß die immerhin verhältnismäßig spärlichen Orte auf =dorf öfters ganz nahe bei einander liegen. So sind am Kocher oder in dessen Nähe nahe bei einander Niederndorf, beide Uobendorf (Ottendorf und Eutendorf), Groß= und Kleinaltdorf und Gailborf (1255 Geilendorff, W. U. V 1322). Im Oberamt Hall lagen nahe bei einander Arnsdorf, Geisdorf (1078 Gissendorf, W. U. I S. 395, Gemeinde Enslingen), *Argersdorf, *Hertlinsdorf, Rubelsdorf, *Atzmannsdorf; im Oberamt Gerabronn Leutzendorf (1248 Lutesdorf, W. U. IV 1119), Bossendorf und Standorf; im Oberamt Mergentheim Oberndorf, Standorf und Dunzendorf bei Rinderfeld. Es legt sich hier der Schluß nahe, daß diese grundherrschaftlichen Dörfer allemal zu derselben Zeit angelegt wurden.

Besonders zahlreich sind in unserem Bezirk die Ortsnamen auf =hausen[2]), im ganzen 91. In den Urkunden des 8. und 9. Jahrhunderts werden nur 6 Orte auf =husen genannt, und diese sind zum Teil mit Sicherheit erst dem Ausbau der Marken zuzuweisen. Die meisten Orte auf =hausen sind erst Gründungen der Grundherrschaften[3]); erst gegen Ende des 11. Jahrhunderts werden sie in den Urkunden häufiger genannt[4]). Das Grundwort war geeignet für die kleinen Wohnplätze von einer oder ein paar Familien, die für den Ausbau der Marken bezeichnend sind, aber nicht minder für die von den Grundherrschaften angelegten Dörfer mit den geringen Wohnungen der Zinsleute.

Die Namen auf =hofen scheinen erst beim späteren Ausbau des Landes, der von den Grundherren ausging, anzugehören[5]); sie werden

---

[1]) Vrgl. Arnold S. 372. — Auch die Namen auf =hausen, =hofen, =weiler, =hagen sind fast alle mit Personennamen zusammengesetzt; es wird meist der Name des Grundherrn gewesen sein. Aber was für diese Grundwörter gilt, gilt nicht ins allgemeine. Vrgl. Maurer S. 264. Ortsnamen, die als Bestimmungswort einen Personennamen enthalten, können ebensowohl auch Urdörfer sein, wie die auf =heim, und auch dem Ausbau der Marken angehören.

[2]) In den ältesten Urkunden kommt sowohl =husen als =husa vor (W. U. I 191); ebenso wie =hofen und =hofa (W. U. I 165).

[3]) Vrgl. auch Lamprecht, Fränkische Wanderungen und Ansiedlungen vornehmlich im Rheinland, Zeitschrift des Aachener Geschichtsvereins IV 1882 S. 208.

[4]) Im 10. und in der ersten Hälfte des 11. Jahrhunderts kommen nur vor: W. U. I 191 vom Jahr 978 Husa (wahrscheinlich Zwingelhausen), Herdenmareshusa (Erdmannhausen), Knodingeshusa (Rielingshausen), wohl das früher genannte Regintereshusen; W. U. I 217 vom Jahr 1024 Goucheshusen (Gauchshausen). In ältere Zeit reicht jedenfalls auch das Freidorf Althausen zurück.

[5]) Vrgl. Lamprecht, Fränkische Wanderungen u. s. w. a. a. O. S. 209.

mit einer Ausnahme¹) in unserem Gebiet erst vom 11. Jahrhundert an urkundlich genannt²). Es sind im ganzen 42; es sind Orte mit Herrenhöfen und den diesen fronenden Zinsgütern³). Daß die Orte diese Bedeutung haben, ist schon daraus ersichtlich, daß an den Orten auf -hofen (-haoba, -hofa), welche in Ostfranken am frühesten genannt werden, königliche Kammergüter sind⁴). Es ist immerhin möglich, daß daneben auch herrschaftliche Einzelhöfe Namen auf -hofen führten; doch ging ja die Richtung der grundherrschaftlichen Wirtschaft im allgemeinen nicht auf Gründung von Einzelhöfen.

Auch die 80 auf -weiler endigenden Orte haben fast alle grundherrschaftlichen Ursprung; -weiler bedeutet eine kleinere Gemeinsiedlung, es ist der für diese kleinen grundherrschaftlichen Dörfer besonders charakteristische Name geworden. Einzelne wie Oppenweiler (s. o. S. 32) mögen immerhin in frühe Zeit zurückgehen. Urkundlich werden sie wie die Namen auf -hofen in unserem Bezirk erst vom 11. Jahrhundert an erwähnt⁵). (Wilare 1037, W. U I 222, Weiler, Oberamts Weinsberg.)

Wie man aus der urkundlichen Erwähnung schließen darf, sind die Namen auf -weiler und -hofen später aufgekommen als die auf -dorf und -hausen und erst nach der Karolingerzeit häufiger geworden. Dies wird bestätigt, wenn wir die Zahl der Wüstungen vergleichen, die auf diese Grundwörter endigen. Je älter eine Klasse von Ortsnamen ist,

---

¹) Um die Wende des 8. u. 9. Jahrh. wird nämlich Larehouen (Lohrhof an der Steinach, Dronke, Cod. dipl. Fuld. num. 296) genannt, aber noch ohne feste Endung; es heißt im Auszug Eberhards c. 4, num. 9 Lara, bei Dr. Cod. dipl. Fuld. num. 650 um das Jahr 904—906 Larbah.

²) Gerprehtzhouen, W. U. I 217, 1024, Gerbertshofen; Ellenhouen, W. U. I 222, 1037, Ellhofen.

³) Bei der Benennung der grundherrschaftlichen Orte auf -hausen läge also der Nachdruck auf den Wohnungen der Zinsleute, bei -hofen auf dem Fronhof. -hofen wurde wohl besonders gerne gewählt, wenn der Herrenhof zuerst angelegt war und die Bauernhöfe sich erst um denselben gruppierten.

⁴) In der Bestätigungsurkunde des Kaisers Ludwig vom Jahr 823 für Schenkungen Karlmanns c. 745, W. U. I 87: Chuningashaoba (Königshofen, badischen Bezirksamts Boxberg); Gullahaoba (Gollhofen, bayr. Landgerichts Uffenheim); Ippihaoba (Iphofen, Landgerichts Marktbibert); Chuningishaoba, Sunindrinhaoba (Gaukönigshofen und Sondershofen, Landgerichts Röttingen); Chuningishaoba (Königshofen im Grabfeld). Vgl. W. U. I 165 aus dem Jahr 889: Chuningeshofa et Sundrunhofa et Gollahofa .. Chungeshofe et item Chuningeshofe .. et Iphahofa ... — Vielleicht sind zu der Endung -hofen die Worte Hof und das mit Hof nicht verwandte Hufe (-huoba, -hôba, s. Schröder, Lehrbuch der deutschen Rechtsgeschichte S. 49, Anm. 24) allmählich zusammengeflossen.

⁵) (Eine ähnliche Beobachtung macht Lamprecht, Zeitschrift des Aachener Geschichtsvereins IV 1882 S. 204 für die Gegend um Aachen und Jülich.

um so weniger Wüstungen kommen auf sie¹); bei den älteren Orten suchte man die beste Lage und den fruchtbarsten Boden auf, später aber mußte man sich auch mit minder günstigen Lagen und unfruchtbarem Boden begnügen. Nun kommen auf 91 Ortsnamen mit =hausen 18 wüste Orte, also 20%; auf 27 Namen mit =dorf 7, also 26%; auf 80 mit =weiler 27 Wüstungen, also 33,75%, und auf 42 =hofen 15, also 35,71%. Die Ortsnamengebung auf =hausen, =dorf, =weiler, =hofen hat übrigens jahrhundertelang angedauert. Ebenso mag sich über viele Jahrhunderte die Gründung der Orte auf =bund und auf =hagen er=strecken, welche ganz besonders auf herrschaftliche Bifänge weisen; es sind übrigens nur 5 Orte auf =bund und 9 auf =hagen²). Endlich gehören gewiß auch die meisten der 13 Orte auf =robe oder =roth grundherrschaft=lichen Siedlungen an, wenn auch einzelne, wie Roth am See, in alte Zeit zurückgehen.

Aus der landschaftlichen Verbreitung aller dieser Ortsnamen geht unverkennbar hervor, daß die grundherrschaftlichen Ortsgrün=dungen im östlichen Teil unseres Landstrichs, besonders im Oberamt Gerabronn, viel häufiger sind als im westlichen, daß also jener Landesteil, und zwar besonders das Ebenenland zwischen den Flußthälern, im allgemeinen später kultiviert wurde.

V. Die Zeit der letzten größeren Rodungen.

Die Binshäsen und Meierhöfe. Die Rodungen im 10. und in den folgenden Jahr=hunderten. Besiedlung des Ohrnwalds und der südlichen Waldberge. Die Elster=clenser. Lehen zu Waldrecht und zu Landstedelrecht. Kolonisatorische Thätig=keit des Calenadels. Burgenbau. Städte. Schluß der Rodungen. Einzelhöfe. Mühlen. Neuere Dorfsiedlungen. Wüstungen.

Auch in der Zeit vom 10. Jahrhundert an sind nach den erhal=tenen Urkunden die kirchlichen und weltlichen Großgrundbesitzungen im württembergischen Franken noch im Anwachsen begriffen. Sobald aber die Verteilung des Grundbesitzes nicht unter dem Gesichtspunkt

---

¹) Arnold S. 14. — Die 33 Ortsnamen unseres Bezirks auf =ingen enthalten nur 4, die 51 auf =heim nur 3 Wüstungen.

²) Die Namen auf =bund sind außer Helmanabiunde noch Almaresbiunt (1079, W. U. I S. 392, Allmerspann); Dienbund (1375, Diemboth); Selbunt (Söllbol) und *Belbund bei Langenbeutingen. Auf =hagen: *Gerolbeshagen (1042, W. U. I 224, bei Sindringen); Belzhagen (1266, W. U. VI 1865, Belzhag); Haag, Gemeinde Gais=bach; Hertwigshagen, Gemeinde Arnsdorf; Haagen, Gemeinde Untermünkheim; Rückerts=hagen; Gemhagen, Gemeinde Leuzendorf; Amlishagen; Regelshagen, später Oberweiler bei Wittenweiler.

des Eigentums, sondern nach dem thatsächlichen Besitzverhältnisse beurteilt wird, so verändert sich dieses Bild ganz wesentlich[1]). Denn nur wenig Grundeigentum blieb in der unmittelbaren Nutzung des Eigentümers; das meiste wurde als Zinsgut oder als Meiergut ausgethan, oder als eigentliches Lehen auf bestimmte Zeit oder in erblicher Weise andern überlassen, womit es dann ganz aus der Verwaltung des Eigentümers heraustrat[2]). Mit der wachsenden Bedeutung des Lehenswesens ist durch solche Belehnungen der kirchliche, aber auch der weltliche große Grundbesitz sehr geschmälert worden.

Die Hauptform des bäuerlichen Grundbesitzes ist in der Zeit der sächsischen Kaiser die unfreie Zinshufe[3]).

Über die Zahl solcher Zinshufen, die an einem Ort zu derselben Herrschaft gehörten, und die Einkünfte aus denselben sind uns für die kirchlichen Stiftungen einige Nachrichten erhalten. Den Besitz des Klosters Lorsch in Gundelsheim kennen wir aus dem C. L. 3654, Bossert 469[4]): In Gundolvesheim sunt hube V, una in dominico et IV serviles, quarum nnaquaeque solvit friskinga I denarios V valentem et XV situlas de cervisa, pallum I, ova XV. Ancille similiter faciunt. — Den Besitzstand des Klosters Fulda in einigen Gegenden erfahren wir aus den Auszügen aus Eberhards Handschrift bei Dronke, Trad. et. Antiqu. Fuldenses, Kap. 44, wo uns als Zubehör zu den Fronhöfen Stangenbach, Züttlingen und Möchmühl genannt ist[5]): Ad Stangebach mansus IX pleni, dimidii IV, insuper iugera CXXX, boues XX, oues C, de feno ad XX carradas (Dr. 44, 60). Ad Zutelingen mansus XXIV pleni, dimidii VI, hube VI, insuper iugera CCC ad territorium pertinentia, de feno ad LX carradas, boues XL, porci CLX. (Dr. 44, 61). Ad Mechitamulin mansus XI pleni, dimidii VIII, hube VI, iugera LXI, de prato ad carradas LXXXVI, boues LIII, oues CLXV, porci LVI, capre LIII, caballi XX (Dr. 44, 63). — Auch aus dem Kloster Comburg ist uns ein Heberegister des 12. Jahrhunderts erhalten, aber ohne Angabe der einzelnen zinspflichtigen Bauernhöfe (W. U. IV S. 341). — Die Einkünfte des

---

[1]) Vrgl. v. Inama II S. 139.
[2]) v. Inama II S. 140.
[3]) v. Inama II S. 198.
[4]) Nur ist hier Gundelsheim fälschlich im pagus Wingartheiba aufgeführt.
[5]) Dronke setzt (Vorrede S. XIV) diese Zins- und Dienstregister in die Mitte des 12. Jahrhunderts. — Die Fronhöfe in Züttlingen und Möchmühl sind 846 beim Tausch mit König Ludwig (praeter unum curtilem S. 69) an diesen Orten von Fulba zurückbehalten worden.

Bischofs von Würzburg in Heilbronn sind nach W. U. III 596 im Jahr 1216: „In Heilichprunen de mansis XIII marcas, de piscationibus V lib. hallensium, de villicatione XX marc., de precaria den. XXX marc., vini XXX carr., de proprietate vini XV carr., tritici, spelte, siliginis, avene CL mal." [1])

Die Ausdehnung der gewöhnlichen unfreien Zinshufe war so groß, daß eine Bauernfamilie hinreichte, um das Gut zu bestellen und die Fronden für den Herrenhof zu leisten [2]). Wenn heutzutage in den meisten hohenlohischen Dörfern oder Weilern einzelne Bauern 60 bis 80 Morgen besitzen, so wird man die Morgenzahl der ursprünglichen Zinshufe doch nicht so hoch annehmen dürfen. Diese große Zahl dürfte zum Teil vom Ausbau der Allmenden stammen, indem das neugewonnene Land nicht vorwiegend zur Begründung neuer Landgüter, sondern zur Vergrößerung der alten verwendet worden ist [3]). Auch halbe Hufen finden sich seit dem 11. Jahrhundert in den Urkunden; so außer in den oben aufgeführten Dienstregistern der geistlichen Anstalten im Öhringer Stiftungsbrief (1037, W. U. I 222), und besonders in den Comburger Schenkungen (W. U. I S. 392, 396, 398, 399).

Dieser wachsenden Zersplitterung der Zinshufen gegenüber bemühten sich die Grundherren, den **bäuerlichen Besitzstand zu fixieren** [4]). Dazu diente die Anerkennung der Erblichkeit im Besitz der Zinshufe [5]); das sicherste Mittel aber war die Einführung der **Individualsuccession** an der Stelle der früheren Erbteilung [6]). Damit besonders ist die dem späteren Mittelalter eigentümliche Festigkeit der Landgüterordnung erzielt worden; in den herrschaftlichen Gemeinderechten der späteren Zeit finden sich dahin zielende Bestimmungen [7]), und noch heute gilt im Hohenlohischen durchweg das tief eingreifende Hausgesetz, daß das Hofgut ungeteilt bleibt und sich womöglich auf den ältesten Sohn vererbt, während die übrigen Geschwister meist mit einer Geldsumme abgefunden werden [8]).

---

[1]) Einkünfte aus Gütern werden ferner aufgezählt W. U. III 679 vom Jahr 1224, III 776 vom Jahr 1230, III 848 v. J. 1234 u. s. f.
[2]) v. Inama II S. 197.
[3]) Vrgl. Lamprecht, D. W. L. I S. 373.
[4]) v. Inama II S. 220.
[5]) v. Inama II S. 70.
[6]) v. Inama II S. 221.
[7]) Fischer, Geschichte des Hauses Hohenlohe II 1 1868, S. 19. Bossert, Fränkisches Gemeinderecht auf Grund der Dorfordnungen des wirtemb. Frankens dargestellt: Württ. Vjsh. IX. 1886. S. 76.
[8]) Vrgl. Halm, Skizzen aus dem Frankenlande S. 42.

Beim Tode unfreier und freier Zinsleute wurde nun nach Anerkennung der Erblichkeit von der Herrschaft der Sterbfall (Besthaupt oder Gewandfall) gefordert als Entschädigung dafür, daß das Gut nicht von ihr zurückgenommen wurde[1]). So von Zinsbauern in der Gegend von Gailborf, W. U. I S. 399: In obitu suo viri quicquid substantiae preciosissime habuerint, iumentum sive indumentum, feminae vero indumentum suum preciosissimum ecclesiae persolvant; cetera heredes qui eiusdem ecclesiae sint accipiant; ebenso ums Jahr 1120 von freien Censualen in und um Hall, W. U. I 272: Post mortem autem singulorum ab homine accipiantur optimum pecus vel gladius et a muliere optimum indumentum; 1157 von freien Zinsleuten des Stiftskapitels zu Öhringen, W. U. II 356: Cum vero de hac vita migraverint, si vir fuerit, optimum iumentum, si habuerit, sin autem, V solidi; si femina, optima vestis, quam ipsa propriis contexuit manibus, ad communem usum fratrum in supra dicto monasterio domino et sancto Petro servientium a proximis heredibus certissime reddantur. Si quis autem eorum, quod absit, heredibus caruerit, tota eius substantia post obitum hereditario iure in usum fratrum redigatur. Im Öhringer Stadtrecht vom Jahr 1253 heißt es, W. U. V 1251: Swer in der stat ze marketrehte sitzet, stirbet er, so suln sin erben sin beste vihesbonbet geben ze houbetrehte, hat er des niht, so sal man geben wat und waffen als er gienc ze kirchen und ze strazzen. Später wurde der Sterbfall in eine Geldabgabe verwandelt, die sich im Hohenlohischen bis in die neuere Zeit erhielt.

Das Erstarken der bäuerlichen Klasse, das mit der zunehmenden Erblichkeit des Zinsgutes eintrat, wurde gemehrt durch die häufige **Freilassung** Unfreier, besonders bei den geistlichen Anstalten; denn diese hatten kein Interesse an der Wahrung des Vogteiverhältnisses ihrer Unterthanen, da durch die Lösung desselben die Zinsleute zu ihren unmittelbaren Unterthanen wurden[2]). So werden vom Abt Bruno von Hirsau Zinshörige in Hall und Umgegend freigelassen, um das Jahr 1120, W. U. I 272: Notum sit ... quod piae memoriae dominus abbas Hirsaugiensis Bruno, misericordia motus super homines censuales ecclesiae habitantes in villa quae vocatur Halla et in contiguis eius locis talem gratiam eis concesserit, ut unusquisque virorum, qui omni anno debuerat solvere XX denarios, ponat V denariatas cerae super

---

[1]) Vrgl. Lamprecht D. W.L. I 2 S. 1182 ff. Arnold S. 580. Schröder, Rechtsgeschichte S. 439.

[2]) v. Inama II S. 63.

altare sancti Petri, et unaquaeque feminarum, quae debebat dare XII denarios, ponat III denariatas, et sic liberi sint ab omni iure. Im Jahr 1157 behaupten vor dem kaiserlichen Gericht die Öhringer Stiftsherren ihr Recht auf Zinsleute, die nach Gollhofen weggezogen sind (idem censuales necessitatis causa solo nativitatis relicto ad extranea loca, videlicet Gollahouen, nostra permissione transmigraverunt), W. U. II 356: Hec est autem iustitia eorundem censualium, utpote libertati contraditorum a domina nostra regia matre Adelheide, cuius sepulcrum apud nos est, ut per singulos annos ad altare sancti Petri III denarios aut precium eorum in cera in summa festivitate monasterii nostri I ad vincula sancti Petri persolvant ... Ad nullam servitutem secundum ius quorundam censualium cogantur, sed per omne tempus vite sue securi permaneant, ibidem patrocinium querant et inveniant, sibi vivant et domino, sibi laborent, pergant quo eis libuerit, serviant cui voluerint, adhereant cui placuerit... Die Entstehung freier Zinsgüter hängt eng zusammen mit der Auflösung des alten gutsherrlichen Eigenbetriebs[1]).

Denn in diese Zeit fällt die Abnahme des Sallandsbetriebs durch Verleihung des Sallands und die Ausscheidung der Meiergüter aus der Eigenwirtschaft der Grundherren[2]). Der Amtsbezirk der Fronhofvorstände, der Maier, erhält nun eine selbständige Bedeutung. In den Urkunden werden übrigens die Meierhöfe selten ausdrücklich erwähnt: 1178 unter den Besitzungen des hl. Moriz in Augsburg eine villicalis curia in villa quae vocatur Goltpach cum taberna (Golbach bei Crailsheim), W. U. II 413; ferner die Einkünfte des würzburgischen Bischofs aus der villicatio in Heilbronn, W U. III 596. Die Villikationen scheinen im allgemeinen nicht sehr große Bezirke gewesen zu sein[3]). Doch waren die Meiergüter selber von Anfang an größer als die einfachen Hufen; sie haben überhaupt das beste Hofgut im Dorfe dargestellt und die bevorzugte Stellung des Herrenhofs in der Almende sich behauptet[4]). Im Hohenlohischen, wo sich wie im Moselland[5]) die ländliche Kultur rein und ungestört durch den Einfluß großer Städte und regen Durchgangsverkehrs ausgebildet hat, ist in einer Reihe von Orten das Andenken an den alten Herrenhof heute noch erhalten[6]).

---

[1]) v. Inama II S. 199.
[2]) v. Inama II S. 174.
[3]) v. Inama II S. 155. Vrgl. oben S. 78.
[4]) v. Inama II S. 201.
[5]) Vrgl. Lamprecht D. W.L. I 1 S. 73.
[6]) Bei Neuenstein z. B. in Großhirschbach und Kirchensall.

Mit Hilfe der Fronarbeit haben nun die Meier das Land weiter ausgebaut[1]), besonders wohl auch durch Pflege größerer Spezialkulturen, durch Neubruch von Wiesen und Anlegung von Weinbergen und Obstgärten. **Weinberge** werden 1079 genannt in Igersheim (XX mansos et totidem iugera vinearum), W. U. I S. 392; 1177 in Erlenbach und Binswangen, W. U. II 409, vrgl. W. U. III 611. Häufiger kommen sie in den Urkunden erst im 13. Jahrhundert vor; es werden Weinberge genannt, die der kaiserliche Küchenmeister Heinrich vor 1220 angelegt hat, W. U. III 633 (Notum sit..., quod dominus Heinricus, magister coquine imperialis, et uxor eius domina Guoda.. quatuor iugera vineti in Eselesdorf[2]) et duo in Berlichingen ex propriis sumptibus plantaverunt); ferner werden Weingärten erwähnt in Weilersheim (1219, W. U. III 628: quatuor iugera vineti vinearum in Wikardisheim in veteri monte sitarum; 1220, W. U. III 629: triginta iugera vineti); in Berlichingen 1220, W. U. III 642, vineam in Berlichingen, tria iugera in monte qui dicitur Storkesnest), in Mergentheim (1224, W. U. III 679, vinea septem iugerum in Mergentheim sita), in Gellmersbach (1235, W. U. III 867) und an andern Orten. **Obstgärten** (pomeria) werden genannt im 13. Jahrhundert in Bieringen (1219, W. U. III 622), Weilersheim (1219, W. U. III 675) und Braunsbach (arbusta, 1263, W. U. VI 1706).

Die **Rodungen** der früheren Zeit und die Bildung neuer Ansiedlungen sind im 10. und in den folgenden Jahrhunderten von den großen Grundherrschaften eifrig fortgesetzt worden[3]). Freilich lassen sich diese Rodungen urkundlich wenig nachweisen, zumal da die Urkunden im 10. Jahrhundert überhaupt ganz spärlich sind und erst vom 11. Jahrhundert an wieder häufiger werden. Jedenfalls hat die allgemeine Rodung angedauert, solange in den Urkunden unter dem anderen Zubehör der Güter auch (quesita et) inquirenda erwähnt werden, also im allgemeinen bis zum Anfang des 12. Jahrhunderts (W. U. I 190 vom Jahr 976; I 191 vom Jahr 978 acquisitis et acquirendis; I 221 v. J. 1033 novalibus .., quesitis et inquirendis; I 222 v. J. 1037; I 229 v. J. 1054; I 262 v. J. 1102).

Im 11. Jahrhundert sehen wir auch die **Besiedlung des Ohrnwalds** in der Ebene in Angriff genommen[4]). Im Öhringer Stiftungs-

---

[1]) v. Inama II S. 176 ff.
[2]) abgegangen bei Simbringen.
[3]) v. Inama II S. 20.
[4]) Bossert, Württ. Vjsh. 1881 S. 67 ff. vermutet eine Einsiedelei im Ohrnwald, wahrscheinlich in Kupferzell, aus dem Brief des Wigo von Feuchtwangen (c. 982

brief (1037, W. U. I 222) werden schon genannt Phabelbach, Mazzalterbach, duo loci qui dicuntur Westernbach und östlich von Öhringen Selebach und Etebach[1]), und es wird ans Stift geschenkt die decimatio omnium villarum in silva que Oriuwalt dicitur constitutarum et adhuc constituendarum. Man wird von der Schenkung dieses Zehnten die energische Besiedlung des Ohrnwalds, die zunächst dem Öhringer Chorherrnstift, aber auch dem Vogt zu gute kam und also von beiden ernstlich begünstigt wurde, datieren können. Vergleicht man die wenigen im Stiftungsbrief genannten Orte des Ohrnwalds mit den sehr zahlreichen, welche im Öhringer Obleibuch als an das Stift den Zehnten zahlend aufgeführt[2]) sind, so wird man diese Ortschaften als meistens erst nach der Zeit des Stiftungsbriefs entstanden annehmen dürfen. Eine Erinnerung an die späte Urbarmachung dieses Landstrichs ist der große Pfarrbezirk von Öhringen, wie er sich bis zum Ende des Mittelalters erhielt[3]). Auf den südlich an den Ohrnwald sich anschließenden Waldenburger Bergen wird schon 1079 Liuraha (Laurach) mit 8 Mansen erwähnt (W. U. I S. 392)[4]). Aber noch 1286 schenkt Bischof Heinrich von Regensburg an das Kloster Gnabenthal quasdam possessiones feodales nostre ecclesiae sitas in terminis Orenwalde videlicet feodum in Luphrisberch (* Lüpfersberg) ... in Selhech (Sailach) ... in Michelnbach (Michelbach) ... cum omnibus suis juribus et pertinenciis, cultis et incultis, quesitis et inquirendis ... Hanßelmann, Landeshoheit I S. 425, Nr. LXIV; Zeitschrift des Hist. Ver. für das wirt. Franken IV, 1857. S. 261 ff.), und noch im Jahr 1319 werden von dem Ritter Schrot von Neuenstein an das Öhringer Stift Güter geschenkt in villula dicta Obernselbach (Obersöllbach) ac in eiusdem villule terminis seu marchia sua ... cum ... cunctis pertinenciis et appenditiis suis ... quesitis et inquerendis (Hanßelmann, Landeshoheit I S. 433 Nr. LXXXI). Aus dieser letzteren Wendung, die sonst in den Urkunden der Zeit nicht mehr gebraucht wird, kann man schließen, daß die Rodung hier durch das ganze dreizehnte Jahrhundert fortgedauert hat.

Eine urkundliche Überlieferung, in welcher Weise die Kolonisation

---

bis 1004): Ad Theodericum heremitam in silva or, vgl. Steichele, Das Bistum Augsburg III S. 341.

[1]) Pfedelbach, Maßholderbach, Westernbach, Söllbach und Eppach, Oberamts Öhringen; sämtliche an Seitenbächen der Ohrn gelegen.

[2]) Boger, Die Stiftskirche zu Öhringen, Württ. Franken, N. F. II 1885, S. 12. Darunter befindet sich auch Pfaffenwyler (Pfaffenweiler, Gemeinde Kesselfeld).

[3]) Bossert, Blätter für württembergische Kirchengeschichte, Jahrg. 1888. S. 33.

[4]) Es liegt ganz in der Nähe jener alten Römerstraße von Öhringen nach Hall. s. S. 14. 15.

des südlichen Berglands stattgefunden hat, haben wir nicht; nicht unmöglich ist, daß hier wie sonst im deutschen Gebirgsland[1]) Waldhufen angelegt worden sind, die ungefähr doppelt so groß waren als die gewöhnlichen Landhufen und einen zusammenhängenden Grundbesitz bildeten, womit sich die Gestaltung der Wohnplätze als Höfe oder als weit ausgedehnte Straßendörfer von selbst ergab. Über die Besiedlung des Berglands in der ersten Hälfte des 11. Jahrhunderts geben uns einige Auskunft die Urkunden über den Ellwanger und Murrhardter Bannforst, wenn auch die Beschreibung der Grenzen sich mehr an Flüsse und Berge als an Ortschaften hält. Im Jahr 1024 hat Kaiser Heinrich II. quandam silvam Virigunda dictam ad Elwacense cenobium pertinentem zum Bannforst gemacht (per nostram imperialem potentiam legali banno forestem fecimus cum omnibus terminis eiusdem silve ... Cuius pars Francorum legibus subiacet in pagis Mulegtowe et Cochengowe), W. U. I 217. Im Jahr 1027 wird von Konrad II. der Murrhardter Wald in Bann gelegt und an Würzburg geschenkt, W. U. I. 218. Wir sehen die einzelnen Punkte dieser Banngrenzen wenigstens benannt, was immerhin auf Bewohnung schließen läßt; und wenn wir auch nicht wissen, welche von den benannten Örtlichkeiten als bewohnte Ansiedlungen oder als Waldörter zu nehmen sind, so werden doch bei der Beschreibung des Ellwanger Forsts auch schon Gerbrehtzhouen (Gerbertshofen), Gouchshusen (Gauchshausen) und Hohentenne minus (Hochthänn), beim Murrhardter Bannforst die montes Sassenberch (Sechselberg) und Hochbure (Großhöchberg) genannt, die gewiß als bewohnte Orte anzusehen sind; in der Murrhardter Urkunde ist ferner die Rede von einer Straße, die durch Mainhardt führt (usque ad semitam quae ducit per Meginhart), das wohl eine alte Sieblung ist. Die Waldgegend östlich vom Kocher bei Gailborf erscheint am Ende des 11. Jahrhunderts besiedelt (W. U. 1 S. 395. 399). Das Dorf Kirchenkirnberg (Cuorinberch) wird 1182 als offenbar schon länger bestehende Sieblung erwähnt (W. U. II 432). Und 1234 erscheint Wüstenroth als Kirchdorf (W. U. IV S. 163). Eine allgemeinere Besiedlung des Waldlands wird erst seit dem 11. Jahrhundert stattgefunden haben, in welchem man darum, wie aus den Einforstungen hervorgeht, größeren Wert auf die Befugnis legte, über den Nutzen des Waldes zu verfügen. Denn wenn sich auch die Bannlegung nur auf die hohe Jagd bezog, so entwickelte sich doch aus diesem ursprünglichen Wildbann das Recht, Neubruch zu verbieten und damit den weiteren Anbau der eingeforsteten Wälder selbst zu leiten[2]).

---

[1]) v. Inama I S. 315 ff. II S. 25.
[2]) Lamprecht D. W.L. I 1, S. 111 ff.

Mit dem 12. Jahrhundert hat in Deutschland eine neue Epoche des Landausbaus begonnen, an dem sich vor allem der Orden der Cistercienser beteiligt hat¹). Die Klöster dieses Ordens sind in unserer Landschaft: das Männerkloster Schönthal, 1157 zuerst in Nuwe=seze (Neusaß) gegründet (W. U. I 358), dann ins Jagstthal nach Hoe=felden verlegt (W. U. II 554); ferner die Frauenklöster Frauenthal, 1232 gegründet im Steinachthale östlich von Mergentheim (W. U. III 818); Lichtenstern, 1242 in Tuphingestal gestiftet (W. U. IV 1009); Gnadenthal, zuerst gegen 1243 in Hohebach gegründet (W. U. IV 1012), dann aber schon vor 1246 ins Biberthal verlegt (W. U. IV 1065). Die Cistercienser sind als ein besonders kolonisatorischer Orden aufgetreten; von ihnen durfte niemand einen Novalzehnten erheben (W. U. I 358: Decimas quoque animalium et eorum novalium, quae propriis manibus ipsi excolere videntur, sicut a papa Eugenio eis concessum est, sine omni inquietatione tam clericorum quam laicorum, nostra auctoritate semper obtineant. Ebenso W. U. IV 1066). Daß die Schönthaler Mönche eifrig gerodet haben, läßt sich aus 2 Berlichinger Urkunden schließen, W. U. III 652 aus dem Jahr 1220 (in novellando) und W. U. III 844 aus dem Jahr 1234 (de cetero neutrum eorum liceat exstirpari); für die Klöster Lichtenstern und Gnadenthal ist aber wohl mit Absicht die Lage in den Löwensteiner und Waldenburger Waldbergen gewählt worden, wo Raum zur Rodung und damit Gelegenheit zur Vermehrung der Einkünfte noch reichlich vor=handen war. Die Cistercienser haben sich gerne den feineren Kulturen, besonders dem Weinbau, zugewandt; daneben aber haben sie Einzelhöfe (grangiae) angelegt, meist auf dem Boden einer schon bestehenden Mark (vergl. die zu Schönthal gehörigen grangiae W. U. II 406, 1176; II 409, 1177). Aber auch andere Orden haben sich in dieser Zeit einer stärkeren kolonisatorischen Thätigkeit gewidmet²). Für das Augustiner=kloster Schäftersheim bestimmt Friedrich II. im Jahr 1219, W. U. IV 620, ut ... de novalibus, que fratres dicti loci propriis manibus vel sumptibus suis excoluerint, nulli unquam aliquam decimam solvant. Ebenso Innocenz IV. für das Augustinerkloster in Backnang im Jahr 1245, W. U. IV 1040: Sane novalium vestrorum, que propriis manibus aut sumptibus colitis, de quibus hactenus aliquis non percepit, sive de animalium vestrorum nutrimentis nullus a vobis decimas exigere vel extorquere presumat. Und in einer Urkunde des Würzburger Klosters Neumünster heißt es 1185, W. U. II 442: Notum

---

¹) Lamprecht, D. W.L. I 2 S. 688 ff.
²) v. Inama II S. 22.

sit, confratrem nostrum, Regenhardum nomine, unum novale iuxta villam Hartbusen nuncupatam¹) sumptibus suis excoluisse, et de hoc novali confratribus nostris in anniversario magistri Friderici modium tritici annuatim constituisse. Aliud quoque novale ex gratia et permissione nostra obtinuit et de eo tritici modium in festo sancti Blasii annuatim nobis dandum esse disposuit. Eadem quoque novalia ad quendam hominem, Ottonem nomine et filium eius Sifridum nomine locationis transtulit, eo videlicet pacto, quod ipsi predictum canonem in prenominatis temporibus annuatim persolvant. Post obitum vero prefati Regenhardi modius tritici eo vivente in festo sancti Blasii dandus deinde in anniversario ipsius persolvetur, et si supradicti viri et eorum successores legitimi canonem statutum ante festum sancti Michahelis non persolverint, a iure locationis se alienatos esse recognoscant. Es scheint hier die sogenannte Leihe auf Walbrecht vorzuliegen, eine Form des Erbpachtverhältnisses, die seit dem 12. Jahrhundert auftritt²). Während nun die Leihe zu Walbrecht eine Erbleihe ist, wird die Leihe zu Landsiedelrecht nur nach Ablauf bestimmter Jahre regelmäßig erneuert und hat sich erst allmählich in Erbleihe verwandelt³). Auch diese Leiheform, welche wie die zu Walbrecht erst infolge der verstärkten Kolonisationsthätigkeit des 12. Jahrhunderts aufkommt, ist im württembergischen Franken verbreitet gewesen; wenigstens wird sie in einer Urkunde des Bischofs von Würzburg vom Jahr 1215 genannt, W. U. III 571: Pro quorum bonorum commutatione ... predictus Krafto [de Ropach] in villa Stakkenhouen⁴) proprietatem suam a quatuor incolis, qui vulgo lantsedelen nominantur, habitam et possessam vice versa nobis ... absolute et libere propriam tradidit et donavit, quam postmodum proprietatem idem domini Kraftonis, Engelbardus [de Nidecke] et Conradus [de Winesperch] a nobis, et Krafto ab ipsis ... iure feodi receperunt... Hier haben wir wohl ein Beispiel der kolonisatorischen Thätigkeit des Laienadels dieser Zeit, die übrigens viel beschränkter war als die der geistlichen Grundherrschaften⁵).

Die Ausbildung einer kriegerischen Dienstmannschaft, die zur Erhebung einer zahlreichen Klasse von Unfreien beigetragen⁶), hat eine

---

¹) Harthausen, Oberamts Mergentheim.
²) Arnold S. 546. v. Inama II S. 27. Schröder S. 436.
³) Arnold S. 544, 582, 584. Schröder S. 435, Anm. 79.
⁴) * Stackenhofen in der Nähe von Öhringen.
⁵) v. Inama II S. 23.
⁶) v. Inama II S. 55.

Vermehrung der Grundherrschaften, aber auf Kosten der bestehenden, bewirkt, da diesen **Ministerialen** ein ansehnliches Gut von ihren Herren übertragen wurde [1]). Dieser Lehnbesitz wuchs seit dem 11. Jahrhundert immer mehr an. Mit dem 12. Jahrhundert fingen die Ministerialen an, sich zu Rittern aufzuschwingen [2]). Dadurch ist der im 11. und 12. Jahrhundert rasch sich ausbreitende **Burgenbau** sehr gemehrt worden. Die ältesten Burgen, die genannt werden, sind das castrum Stochamburg im 8. Jahrhundert, Lauffen 1003 (castrum qui dicitur Loufen, W. U. I 204), Comburg 1037 (Ramburg, W. U. I 222; Ramberc 1079, W. U. I S. 391[3]), *Bilrieth 1085 (W. U. I S. 395: mediam oppidi partem in Bilrieth) [4]). Im 13. Jahrhundert werden die Burgen in den Urkunden unseres Landstrichs ungemein häufig [5]). Der Burgenbau war nun in der Regel von einer Ortsgründung begleitet [6]); die zahlreichen Orte, welche Burgnamen tragen, auf =burg [7]), =stein, =fels, =eck, gehören diesen Gründungen an und sind darum meistens erst im 11., 12. und 13. Jahrhundert angelegt worden.

Gleichzeitig mit der Entstehung der Burgen ist die der **Städte.** Vor allem sind früh die Palatien und Haupthöfe der königlichen Verwaltung zu Mittelpunkten des Verkehrs und Hauptorten gewerblichen Lebens geworden [8]). So hat sich **Heilbronn** früh entwickelt [9]) und ist

---

[1]) Lamprecht, D. W.L. 1 2 S. 1169.

[2]) Lamprecht S. 1170.

[3]) =burg wechselt vielfach mit =berg ab, wie übrigens auch in Hessen (Arnold S. 330) und Schwaben (Bohnenberger, a. a. O. S. 19). Langenburg tritt zuerst auf als Langenberc (W. U. III 851), Waldenburg als Walbenberc (W. U. V 1253); sie haben im Volksmund heute noch die alten Namen. Nach Christ, Heidelb. Jahrb. der Litteratur LXV, 1872, S. 671 lautet =burg im ganzen fränkischen Dialekt =berg, ändert aber hierbei das Geschlecht nicht und bleibt deshalb von dem Maskulinum =berg streng geschieden. Im Namen von Dubunburc (799, C. L. 2458, Duttenberg) mag sich die Endung auf die Dorfwehr beziehen; vgl. Schröder, Lehrb. der D. Rechtsgeschichte Seite 13.

[4]) Die Burg Weinsberg wird zuerst in Urkunden Kaiser Konrads III. bei der Belagerung genannt, am 15. November 1140 (in obsidione castri Winisberch, Böhmer, Regesta v. 911—1312, Nr. 2206).

[5]) So wird z. B. in einer Urkunde Krafts von Bocksberg vom Jahr 1251 erwähnt lis . . . super tribus jugeribus . . ., que per edificia novi castri nostri Liechtenecke (*Lichteneck bei Ingelfingen) occupabantur (Wibel, Hohenlohische Kyrchen= und Reformationshistorie IV. 1755 Nr. XIII S. 13).

[6]) v. Inama II S. 23.

[7]) Auch manche auf =berg.

[8]) v. Inama II S. 91.

[9]) Oberamtsbeschreibung von Heilbronn, S. 207.

unter Kaiser Friedrich II. zur Stadt geworden¹). Auch an den Haupt=
höfen des großen Grundbesitzes haben sich eigene Märkte gebildet²), und
aus diesen Orten sind dann Städte herausgewachsen. König Heinrich II.
bestätigt 1009 dem Bischof von Speier das Marktrecht in Marbach,
W. U. I 210: regia et praeceptali auctoritate confirmamus mercatum
in pago Murrensi, in comitatu vero Adalberti comitis, in villa Marcbach cum banno nostro et omni publica functione sive vectigalium
exactione, tradentes ei insuper cum banno nostro licenciam ac
liberam potestatem in eadem villa faciendi monetam ... Neben dem
Marktbann und dem Zoll gehörte die Münze regelmäßig zu einem Markt,
da es eine alte Gepflogenheit war, den Kaufpreis im örtlichen Verkehr
nur mit der Münze des Ortes zu bezahlen³). Der Marktverkehr ver=
langte gebieterisch eine eigene Münzstätte⁴). Wo also eine Münze ge=
nannt wird, darf auf einen Markt mit Sicherheit geschlossen werden; so
in Öhringen im Jahr 1037 (W. U. I 222: hac de causa concessi
ei et successoribus in beneficium dimidiam villam Hallo cum omnibus appenditiis suis, et in villa Oringowe decem talenta illius
monetae)⁵). Und daß Öhringen ein bedeutender Handelsplatz war, zeigt
die Einrichtung der Hausgenossenschaft, die nur in Orten nötig und mög=
lich war, welche eine ausgedehnte Ausmünzung erforderten⁶), und die sich
sonst nur in den ältesten und bedeutendsten Städten findet⁷) (W. U. V
1251 v. Jahr 1253: Der voit sol auch haben alleine die Juden und

---

¹) Vgl. Ch. F. Stälin II S. 663, Anm. 2. Nach 1225, denn da wird Heil=
bronn in einer Urkunde des Königs Heinrich noch opidum genannt (W. U. III 700).
Excerpta ex expositione Hugonis de Rutlingen in chronicam metricam bei
Böhmer, Fontes rerum Germanicarum IV S. 130: MCCL Fridricus mortuus
est, sub quo civitates Rütlingen Esslingen Hailprunn et plures alie sunt edi-
ficate et imperio subiecte. Quibus civitatibus ipse Fridricus, H. et Cunradus
filii sui reges tanquam benigni patres et fundatores dignitatem multam contu-
lerunt. Vgl. auch Dürr, Siegel und Wappen der Stadt Heilbronn. Bericht des
Historischen Vereins Heilbronn von 1882, S. 2 ff.
²) v. Inama II S. 370.
³) v. Inama II S. 380. Über die Heilbronner Münze s. die Oberamtsbe=
schreibung S. 206.
⁴) v. Inama II S. 394.
⁵) Ch. F. Stälin I S. 526 und verschiedene nach ihm haben die hier genannte
Münze fälschlich auf das vorher genannte Hall bezogen. Die Öhringer Münze wird
auch sonst genannt, s. Oberamtsbeschreibung S. 173.
⁶) Eheberg, Über das ältere deutsche Münzwesen und die Hausgenossenschaften,
besonders in wirtschaftlicher Beziehung. Staats= und sozialwissenschaftliche Forschungen,
herausg. v. Gustav Schmoller. II 5. 1879. S. 109 ff.
⁷) Schröder, R.G. S. 510.

die munze und sol setzen zwelf munzere, die heizent husgenossen. Die zwelfe hant dazselbe reht und dieselben maht ze sagene an dem gerihte alsam die zwelf gesworne von der stat). Die Hausgenossen kommen fast nur in bischöflichen Städten vor; man wird darum auch die Genossenschaft zu Öhringen nicht vor 1037 ansetzen dürfen, in welchem Jahr Öhringen mit seinem Stift an den Bischof von Regensburg kam (W. U. I 222). Das Emporkommen von Hall hat offenbar Öhringen aus seiner früheren Bedeutung als Handelsplatz verdrängt, man wird also die Einrichtung auch nicht nach dem Aufblühen Halls setzen können. Als Stadt wird Öhringen zuerst 1253 bezeichnet (W. U. V 1251 diu Stat Oringowe). Hall hat einen bedeutenden Markt im Jahr 1156 vom Bischof Gebhard von Würzburg bekommen, W. U. II 354: Preterea notum sit omnibus scire volentibus, quod annuente imperatore Fridrico ibidem tam episcopatus quam ducatus nostri potestate sollemne forum ante et post festum sancti Michahelis continuis septem diebus celebrandum indiximus et eo euntibus et inde revertentibus ante et post id festum per XIV dies pacem auctoritate nostri ordinis et officii sub anathemate confirmamus. Bei dem engen Zusammenhang, in welchem Markt und Münze stehen, ist dieses Jahr auch als das Entstehungsjahr der Haller Münze mit ihren Hellern anzusehen[1]. Als Stadt wird Hall im Jahre 1200 genannt (W. U. II 516: bürger der statt Halle; W. U. III 734 v. J. 1228: Henricus scultetus in Halle totaque civium universitas ...). Zu dieser Entwicklung von Hall hat hauptsächlich die Ausbeutung der Salzquelle beigetragen. Aus dem verhältnismäßig späten Wachsen der Bedeutung von Hall darf man schließen, daß die Ausfuhr des Haller Salzes im frühesten Mittelalter unbedeutend gewesen ist; die Michaelskirche (1156, W. U. II 354) und die Jakobskapelle (1236, W. U. III 878), die ältesten Gotteshäuser in Hall, sind auf dem Boden der Mutterkirche Steinwac, des nahegelegenen Steinbach, erbaut. Doch haben die Vorfahren des Grafen E. schon im 10. Jahrhundert partem fontis vivida scaturrigine salem scaturrientis dem Kloster Feuchtwangen geschenkt, wohl kaum irgend wo anders als in der Feuchtwangen zunächst gelegenen Salzstätte Hall[2]. Und wenn im

---

[1] Die Rechnung nach Hellern (hallenses) wird erst mit dem 13. Jahrhundert genannt (W. U. III 596 v. J. 1216 (von Heilbronn); 612 v. J. 1219; 732 von 1228; 772 um 1230; 784 von 1231; 915 von 1238 u. s. f.), dann aber auch rasch ganz allgemein.

[2] Steichele, Das Bistum Augsburg III S. 316: Brief Wigos an den Grafen E. Graf E. ist wahrscheinlich Graf Eberhard, der Verwandte des Bischofs Gebhard von Regensburg. Vgl. Bossert, Württ. Vjsh. 1881. S. 231 ff.

Öhringer Stiftungsbrief 1037 geschenkt werden in Halle inferiori (Niebern=hall) I hoba et duo arcae, in superiori autem (Hall) V areae (W. U. I 222), so läßt uns die Schenkung von Hofstätten für neu erstehende Häuser einen flüchtigen Blick thun in das Anwachsen dieser Orte und die aufsteigende Bedeutung des Salzhandels dieser Zeit. Es war für den großen Haushalt der Grundherrschaften von Wichtigkeit, sich Besitzrechte an einer bestehenden Salzquelle zu erwerben[1]). Darum finden wir auch schon um 1120 das Kloster Hirschau in Hall begütert (W. U. I 272); die Klöster Abelberg (1200, W. U. II 516), Elchingen (vor 1225, W. U. V S. 415), Denkendorf (1231, W. U. III 798), Backnang (1245, W. U. IV 1040), Lichtenstern (W. U. V 1310), Gnadenthal (1252, W. U. IV 1235), und wahrscheinlich auch Schönthal (1237, W. U. III 892), wie auch edle Herren (von Langinberc W. U. III 813, 1232, von Crut=heim, W. U. IV 1235) wissen sich in den Besitz von Salzpfannen zu setzen. Seit der Mitte des 12. Jahrhunderts wächst die Bedeutung von Hall unverkennbar. Lauffen wird schon 1234 als civitas genannt (W. U. III 855). Auch Weinsberg bekam Stadtrechte gegen Ende der Hohenstaufenzeit[2]). Die Erhebung der meisten übrigen Städte oder Städtchen gehört aber erst dem 14. und zum Teil noch späteren Jahr=hunderten an.

Das Aufkommen einer städtischen Bevölkerung, die neben dem Acker=bau auch Handel und Gewerbe trieb, hat immerhin eine weniger ener=gische Rodung begünstigt; das Ebenenland war nun im allgemeinen aus=gebaut. Es werden zwar immerhin noch Neubrüche genannt; so 1276 in einer Urkunde des Heniricus de Hohenlouch: novale nostrum apud Holenbach, quod vulgariter Rait[3]) dicitur, tam id quod nobis ser-vit in presenti quam illud quod Kargen de Lutenbach pro pignore exposuimus (Zeitschr. des Hist. Ver. f. d. wirt. Franken IV, S. 120, 1856); vom Ende des 13. Jahrhunderts an sind aber meist nur noch kleinere Stücke gerodet worden. In den Gegenden freilich, wo ein reicher Waldbestand war, im südlichen Bergland haben die älteren Verhältnisse noch längere Zeit fortgedauert.

Der Schluß der größeren Rodungen ist nun die Zeit, von der an auch in der Ebene Einzelhöfe angelegt worden sind, wo

---

[1]) v. Juama II S. 342.

[2]) Dies ist ersichtlich aus einer Urkunde des Königs Rudolf vom 11. Nov. 1287, nach der Löwenstein alle Rechte und Freiheiten erhielt, welche sein Vorfahrer im Reich (wohl König Konrad IV.) der Stadt Weinsberg erteilt hätte (Jäger, Die Burg Weins=berg, 1824, S. 47).

[3]) Roth, Oberamts Mergentheim.

Mangel an Raum eine größere Ansiedlung unmöglich machte. Die Cistercienser haben solche Einzelhöfe begünstigt; ja es sind wohl als solche schon anzusehen die Schenkungen Wolframs von Bebenburg an das von ihm gegründete Kloster Schönthal, W. U. II 358 (1157): predictum monasterium, Nuwesezen videlicet, cum omnibus bonis suis, quae predictus Wolframus ei contulit, cum nemoribus adjacentibus, et curtem Hallesberc, et curtem in Lapide, et curtem Brechelberc¹), cum omnibus utilitatibus seu pertinentiis earum. Seit dem 13. und 14. Jahrhundert werden solche Einzelhöfe öfters genannt, z. B. 1252 die curia *Stretelnhof prope Nuenstein (W. U. IV 1230). Charakteristisch für solche Einzelhöfe ist das Grundwort -hof, wie für ein einzelstehendes Haus das Grundwort -haus, die im Unterschied von den älteren -hausen und -hofen späterer Zeit angehören²). Sie finden sich besonders häufig im Bergland; doch kommen die auf -hof auch in der Ebene vor, am wenigsten aber im westlichen Teil. Einzelhöfe oder Einzelhäuser werden auch durch diejenigen Namen bezeichnet, in welchen das die Endung bezeichnende Grundwort, das in singularer Dativform dazu zu denken ist³), ganz wegfällt, und der Name des Besitzers im Genetiv allein zur Ortsbezeichnung gebraucht wird⁴). Solche Namen werden zuerst im 11. Jahrhundert genannt, und zwar sind diese wenigen Orte ausschließlich im Bergland gelegen⁵). In einzelnen Strichen des Berglands, z. B. in den Gemeinden Honhardt und Rosenberg, ist heutzutage noch das Einödsystem vorherrschend.

Auch die herrschaftlichen Mühlen scheinen vom 13. Jahrhundert an häufiger geworden zu sein. So wird ein solcher Mühlenbau in dem Vertrag zwischen Markgraf Hermann von Baden und der Kirche in Backnang 1231 erwähnt, W. U. III 781: . . et lacum in Cottenwilare mihi contradiderunt; ita tamen ut numquam heredes mei molendinum in eodem loco fundare presumant. Preterea molendinum sub Richenberg⁶), quod in predio sepedicte ecclesie indebite struxeram, post obitum vite mee cum omni iure usquequaque eidem conventui fideliter confirmavimus. Da sehr viele Mühlen abseits von

---

¹) Halsberg, *Hof am Stein und *Brechelberg unweit Schönthal.
²) Birlinger, Alemannia VI, S. 32. 34.
³) Dies zeigt die Überlieferung villam zemo Sanuelles, W. U. I S. 399.
⁴) Vrgl. Arnold S. 420 ff.
⁵) Es sind Tiurizis, Theuerzer Sägmühle, Gemeinde Geiferthofen, 1085, W. U. I S. 395. Sanewelles bei Winzenweiler, Gemeinde Eutendorf 1091, W. U. I S. 399. Inches, Jur 1245, W. U. IV 1040. Bubenurbes, Bubenorbis 1278. Manolbe, Ohnholz, Gemeinde Untersteinbach, 1357.
⁶) Reichenberg, Oberamts Backnang.

Gemeinde Billingsbach; *Schönthal, Gemeinde Pfitzingen; *Rabolzhausen, *Reckertsfelben, *Dunkenroth, Gemeinde Abolzhausen¹); *Niederweiler, jetzt in die Gemeinden Berusfelden und Nassau aufgenommen. Ja bei einzelnen kann man noch die Zahl der Höfe bestimmen; so hatte von den zu Abolzhausen geschlagenen Weilern, die schon 1560 „wüste" waren²), Dunkenroth 11, Rabolzhausen 5 und Reckertsfelben 4 „Huben".

In der vorliegenden Arbeit ist der Versuch gemacht worden, für das württembergische Franken rechts vom Neckar die Grundzüge der Ansieblungsgeschichte, den allgemeinen Gang der Besieblung nachzuweisen. Aufgabe der weiteren Forschung mag es nun sein, vor allem die Wirtschaftsgeschichte des Landes genauer zu untersuchen, ferner mit Hilfe der Orts- und Flurnamen, der Flurkarten mit ihrer vielfach von einer weit zurückreichenden Vergangenheit zeugenden Einteilung und Abgrenzung des Ackerlands, der Nachrichten über Gülten und Zehnten, der erhaltenen herrschaftlichen Dorfordnungen die Geschichte der Ansieblung kleinerer Bezirke, ja des Ausbaus einzelner Dorfmarken festzustellen, wodurch die Besieblungsgeschichte unseres ganzen Landstrichs erst auch im einzelnen zur Klarheit gelangen wird.

---

¹) Zeitschrift des Hist. Vereins für die wirtemb. Franken IV 1850. S. 40 ff. Die Markung von *Schönthal war zwar der von Abolzhausen einverleibt, nahm aber in Bezug auf die Gülten und Zehnten eine abgesonderte Stellung ein.

²) Oberamtsbeschreibung von Mergentheim S. 487. Vgl. Schröder S. 441.